2018. 8.

중앙행정기관 행정사무 민간이전 운영현황

한국민간위탁경영연구소
Korea Contracting-out Management Institute

한국민간위탁경영연구소는 공공서비스 관리 혁신을 통해
더 나은 정부, 더 나은 사회, 더 많은 사업기회를 만들어 갑니다.

T. 02-943-1941   F. 02-943-1948   E. kcomi@kcomi.re.kr   H. www.kcomi.re.kr

한국민간위탁경영연구소는 정부에서 운영하는 민간위탁 공공서비스의 효율성 향상을 위해 설립된 연구기관입니다. 민간위탁은 성과지향형 공공서비스제공 공급방식의 하나로써 더 나은 정부, 더 효율적인 정부로 가기 위한 제도입니다.

세상의 모든 사물은 세상의 변화를 수용해야 합니다. 민간위탁 사무 또한 운영 목적이나 사회적 가치변화를 수용해야하기 때문에 지속적으로 변화해 왔습니다. 현행 민간위탁 사무의 유형은 공익적 성격과 사익적성격의 사무가 혼재되어 스펙트럼이 다양합니다. 시대적 흐름과 환경변화에 맞는 민간위탁사무는 갈수록 커뮤니티거버넌스형(CG) 공공서비스 제공방식으로 변화 되어 가고 있습니다.

이를 효율적으로 관리하기 위해서는 민간위탁의 본질을 이해해야 하는데, 대표적인 영문표기가 contracting out인 것처럼 구매계약 또는 외주계약으로 계약에 관한 전반적인 프로세스를 이해하고 계약관리능력이 필요한 제도라는 것을 이해해야 합니다. 민간위탁 과정은 먼저 민간위탁을 위한 추진계획을 수립한 후 지방의회의 심의를 거쳐 민간위탁 선정심의위원회의 선정과정을 통해 최종 민간위탁 사업자를 선정하게 됩니다. 이 과정에 민간위탁 업체선정을 위한 계약법검토, 조례제정 또는 개정, 적정 위탁비용 산정, 위탁 후 성과평가 결과 적용을 위한 지표개발 등 세부적이고 전문적인 연구결과를 통한 의사결정 자료가 필요하게 됩니다. 이러한 연구결과는 민간기업이 공공서비스를 제공할 때 지속적인 품질 개선을 유도함으로써 서비스경쟁력을 향상시키고, 지자체는 효율적인 예산운영을 통하여 과대 또는 과소예산으로 인한 사회적 비용을 감소시키며 재정운영의 건전성을 증대시키는 효과가 있습니다. 이와 같이 민간위탁만을 연구해온 저희 연구소는 다양한 연구를 통해 얻은 노하우를 바탕으로 좀 더 선진화된 민간위탁 의사결정 자료와 효율적인 운영방안을 제안하는 역할을 수행할 것입니다.

연구소장 배성기

주요연구분야	연락처
공공서비스디자인(Public Service Design)	전화 : 02 943 1941
민간위탁관리(Contracting Out Management)	팩스 : 02 943 1948
사업타당성검토(Project Feasibility)	이메일 : kcomi@kcomi.re.kr
정부원가계산(Government Cost Accounting)	홈페이지: www.kcomi.re.kr
정부보조금정산(Government Grant Accounting)	
공공서비스성과평가(Public Service Performance Evaluation)	
사회적경제기업(Social Economy), 사회적가치평가(SROI)	
조직 진단(Organizational Structure Design)	
공공관리혁신(Public Management Innovation)	
사회기반시설 자산관리(Infrastructure Asset Management)	

2018 전국 중앙행정기관 「행정사무 민간이전 운영현황」은 이렇게 발간되었습니다.

1. 조사개요

민간이전지출은 학계와 실무계를 불문하고 사회 각계각층이 이 주제의 중요성을 인식하고 처방적 대안 마련에 관심을 쏟고 있음에도 불구하고 민간위탁 케이스별 연구만이 주로 되어 왔습니다. 또한 사회적 현상을 기반으로 공공서비스의 유형을 공공서비스, 준공공서비스, 선택적 공공서비스 등으로의 구분하고 공익성의 정도에 따른 관리기법 및 예산운영 방법 등을 심도 있게 연구한 연구문헌이 부족한 상황입니다.

민간이전 공공서비스는 국민들과의 최접점에서 공급되는 공공서비스로 지속적으로 성장하는 국민들의 공공서비스 수요를 반영하고 개선하기 위해서는 다양한 주제와 분야별로 지속적인 연구가 되어야 합니다. 하지만 이러한 연구를 하기 위한 기초적 통계자료가 없다는 것은 실로 놀라운 일이 아닐 수 없습니다.

따라서 본 조사는 전국 56개 중앙행정기관을 대상으로 행정사무 민간이전 운영현황을 분석하기 위해 중앙행정기관 및 그 소속기관의 민간이전(320) 예산을 조사한 후 해당사무별 업체선정방법, 개별조례 유무, 원가산정기준, 서비스(성과)평가 유무, 위탁기업 현황 등에 대한 정보공개요청을 통해 현황을 조사하였습니다.

본 조사를 통해 얻을 수 있었던 것은 동종의 행정사무라도 운영예산규모, 업체선정기준, 개별조례 유무, 위탁비용 산정기준, 서비스(성과)평가 유무 등이 같지 않다는 것을 알 수 있었습니다. 이를 검증하기 위해서는 심도 있는 연구가 수행 되어야 하겠으나 이런 비교결과조차도 유의미하다고 생각됩니다.

전국 중앙행정기관 및 그 소속기관의 민간이전 행정사무 운영현황 통계조사의 효용성은 첫째, 유사 행정사무의 운영예산 확인을 통한 예산운영의 적정성을 판단할 수 있는 기준자료, 둘째, 개별조례 유무 확인을 통한 제정 및 개정 용이, 셋째, 적정 비용 산정기준 확인, 넷째, 성과평가 기준 확인, 다섯째, 민간위탁기업명 확인을 통한 경쟁력 있는 기업선정 기초자료 확보 등과 같습니다.

상기와 같은 조사를 통해 궁극적으로 얻고자 한 것은 「건전한 긴장관계 유지」입니다. 중앙행정기관 및 그 소속기관 민간이전 운영현황을 통해 사무의 종류와 예산의 규모, 협업 수행 기업의 종류와 유형이 공개됨으로써 행정사무를 추진하는 입장에서는 선택의 폭이 넓어질 것이고, 서비스를 받는 국민의 입장에서는 서비스기업 간 경쟁시스템이 올바르게 갖추어져, 좀 더 체계적이며, 경제적이고, 만족할 만한 공공서비스가 제공 되어질 것입니다.

본 현황분석은 한국민간위탁경영연구소의 두 번째 중앙행정 민간이전 행정사무 운영현황 통계조사를 한 것으로서 미흡한 부분이 다소 존재합니다. 하지만 행정사무의 서비스 발전을 위한 기초 연구자료로써 중요한 역할을 할 수 있을 것을 기대합니다. 도움을 주신 전국 중앙행정기관 담당 공무원 분들께 감사드립니다.

2. **조사기간** : 2018년 1월 31일 ~ 2018년 6월 1일

3. **조사결과**

(자료요청 기관 수: 56개 중앙행정기관 / 단위: 천원)

소관부서	지출세목				합계
	민간경상보조 (320-01)	민간위탁사업비 (320-02)	민간자본보조 (320-07)	법정민간대행사업비 (320-08)	
고용노동부	5,276,030,771	6,624,526	-	-	5,282,355,297
과학기술정보통신부	17,826,000	2,021,000	-	-	19,347,000
관세청	-	5,449,000	-	-	5,449,000
국가보훈처	38,432,891	18,468,000	-	31,942,000	88,842,891
국무조정실	120,000	-	-	-	120,000
국무총리비서실	500,000	-	-	-	500,000
국민권익위원회	169,000	-	-	-	169,000
국토교통부	1,011,730,680	107,192,000	114,652,000	222,007,000	1,455,581,680
금융위원회	1,993,000	-	-	-	1,993,000
기상청	-	-	-	19,567,497	19,567,497
기획재정부	153,756,000	2,600,264,000	2,834,000	-	2,756,854,000
남해지방청	318,000	-	-	-	318,000
농촌진흥청	1,610,000	-	-	-	1,610,000
대통령비서실	-	1,508,866	-	-	1,508,866
동해지방청	318,000	-	-	-	318,000
문화재청	28,789,336	45,544,000	3,296,000	2,109,000	79,738,336
문화체육관광부	2,355,873,943	-	91,845,000	-	2,447,718,943
민주평화통일자문회의	7,942,000	-	-	-	7,942,000
방송통신위원회	123,804,000	-	3,330,000	-	127,134,000
방위사업청	6,947,350	-	-	-	6,947,350
법무부	103,875,611	-	-	9,123,737	112,999,348
새만금개발청	200,000	-	-	-	200,000
서해지방청	340,000	-	-	-	340,000
식품의약품안전처	33,930,900	5,548,000	4,497,000	897,500	44,873,400
제주지방청	345,000	-	-	-	345,000
중부지방청	350,000	-	-	-	350,000
통일부	13,648,002	-	-	-	13,648,002
특허청	61,218,491	20,155,000	-	-	81,373,491
해양경찰청	20,000	1,094,000	-	-	1,114,000
해양수산부	210,969	78,354	198,651	174,910	662,884
행정중심복합도시건설청	-	-	1,200,000	-	1,200,000
합계	9,240,299,944	2,813,946,746	221,852,651	285,821,644	12,561,920,985

목 차

중앙행정기관 ·· 1

고용노동부 ·· 1~2
과학기술정보통신부 ·· 1~2
관세청 ·· 1~2
국가보훈처 ·· 1~4
국무조정실 ·· 3~4
국무총리비서실 ·· 3~4
국민권익위원회 ·· 3~4
국토교통부 ·· 3~6
금융위원회 ·· 5~6
기상청 ·· 5~8
기획재정부 ·· 7~8
농촌진흥청 ·· 7~8
대통령비서실 ·· 7~8
문화재청 ·· 7~8
문화체육관광부 ·· 9~34
민주평화통일자문회의 ·· 33~34
방송통신위원회 ·· 33~36
방위사업청 ·· 35~36
법무부 ·· 35~36
새만금개발청 ·· 35~36
식품의약품안전처 ·· 35~38
통일부 ·· 37~38
특허청 ·· 37~38
해양경찰청 ·· 37~38
중부지방청 ·· 37~38
동해지방청 ·· 37~38
서해지방청 ·· 37~38
남해지방청 ·· 37~38
제주지방청 ·· 37~38
해양수산부 ·· 37~42
행정중심복합도시건설청 ·· 41~42

1 중앙행정기관

2018년 중앙행정기관 행정사무 민간이전 운영현황

순번	기관명	세부사업명	2018년 예산 (단위:천원)	민간이전 분류 : 지출세목별 1. 민간경상보조(320-01) 2. 민간위탁사업비(320-02) 3. 민간자본보조(320-07) 4. 법정민간대행사업비(320-08)	입찰방식 입찰방법 1. 일반입찰 2. 제한입찰 3. 지명입찰 4. 수의계약 5. 법정지정위탁 6. 고시/훈령/지침 지정위탁 7. 기타(내용기재) 8. 해당없음 9. 무응답
1	고용노동부	외국인력지원센터지원	6,442,000	1	8
2	고용노동부	고용유지지원금	631,000	1	8
3	고용노동부	고용창출장려금	263,813,000	1	8
4	고용노동부	건설근로자기능향상및취업지원	450,000	1	8
5	고용노동부	지역산업맞춤형일자리창출지원	2,600,000	1	8
6	고용노동부	고용영향평가사업	4,800,000	2	6
7	고용노동부	일자리안정자금지원	2,929,372,000	1	8
8	고용노동부	취약계층취업촉진	450,000	1	1
9	고용노동부	고용보험적용징수위탁사무대행지원	6,305	1	8
10	고용노동부	보험사무대행기관지원금	7,098	1	8
11	고용노동부	취업성공패키지지원	377,959,000	1	8
12	고용노동부	세대간상생고용지원	27,087,000	1	7(직접수행)
13	고용노동부	인문특화청년취업아카데미	24,579,000	1	6
14	고용노동부	해외취업지원	4,450	1	1
15	고용노동부	중소기업청년인턴제	2,811,000	1	8
16	고용노동부	청년내일채움공제(일반회계)	7,382,000	1	8
17	고용노동부	중소기업청년취업인턴제	184,820,000	1	8
18	고용노동부	청년내일채움공제(고보기금)	170,640,000	1	8
19	고용노동부	청년취업진로및일경험	27,348,940	1	8
20	고용노동부	고용안정장려금	126,479,000	1	7(직접수행)
21	고용노동부	고용평등상담실 운영	761,000	1	1
22	고용노동부	직장어린이집설치 지원	49,829,000	1	5
23	고용노동부	거점형공공직장어린이집 운영	326,000	2	9
24	고용노동부	출산육아기고용안정장려금(대체인력뱅크 운영 지원)	1,488,000	2	2
25	고용노동부	집단상담프로그램 운영 등	8,887,000	1	5
26	고용노동부	중장년층취업지원	24,641,000	1	1
27	고용노동부	장애인고용장려금	199,262,000	1	8
28	고용노동부	한국폴리텍대학운영지원(BTL정부지급금)_운영비	6,510,000	1	6
29	고용노동부	기능인력양성및장비확충(폴리텍)_훈련장려금	9,471,000	1	8
30	고용노동부	한국기술교육대학교운영지원(BTL정부지급금)_운영비	926,000	1	6
31	고용노동부	실업자능력개발지원	59,508,000	1	8
32	고용노동부	전직실업자능력 개발지원	410,159,000	1	8
33	고용노동부	국가인적자원개발컨소시엄 지원	286,540,000	1	7(공모)
34	고용노동부	합리적노사관계지원	4,383	1	8
35	고용노동부	합리적노사관계지원	8,889	1	8
36	고용노동부	일터혁신 컨설팅 총괄관리 및 인프라 보조금 교부	1,706	1	8
37	고용노동부	노사상생형 지역일자리 컨설팅 지원사업 수행기관 선정	800	2	1
38	고용노동부	일터혁신 컨설팅 지원사업 수행기관 선정	9,596	2	1
39	고용노동부	일터혁신 컨설팅 지원사업 평가기관 선정	130	2	1
40	고용노동부	클린사업장조성지원	66,640,000	1	5
41	과학기술정보통신부	DB산업육성	4,641,000	1	4
42	과학기술정보통신부	주파수 회수 및 재배치 손실보상	1,373,000	2	5
43	과학기술정보통신부	천리안통신위성의 안정적 운영기반 구축	648,000	2	6
44	과학기술정보통신부	한국과학기술단체총연합회지원	13,185,000	1	7(법정지정보조)
45	관세청	원산지 업무위탁	4,011,000	2	4
46	관세청	FTA 원산지교육 지원	1,438,000	2	1
47	국가보훈처	참전유공자지원	713,000	1	9
48	국가보훈처	국제보훈교류협력사업	221,000	1	9
49	국가보훈처	국립묘지조성	18,025,000	4	6
50	국가보훈처	제대군인사회복귀지원(대학·전문기관위탁교육)	772,000	1	7(공모)

계약기간	낙찰자 선정방법	운영 예산 산정		성과평가 실시여부	지출대상 단체 (민간)
		원가산정	정산방법		
1. 1년 2. 2년 3. 3년 4. 4년 5. 5년 6. 기타 ( )년 7. 단기계약 (1년 미만) 8. 해당없음 9. 무응답	1. 적격심사낙찰제 2. 협상에 의한 계약 3. 최저가낙찰제 4. 2단계입찰 5. 규격,가격 분리 동시 입찰 6. (수의계약)법,고시 위탁계약 7. (수의계약)법,고시 대행협약 8. 수의계약 9. 기타(내용기재) 10. 해당없음 11. 무응답	1. 내부산정 2. 외부산정 3. 내·외부 모두산정 4. 규정에 운영예산 명시 5. 산정 無 6. 해당없음 7. 무응답	1. 내부정산 2. 외부정산 3. 내·외부 모두산정 4. 정산 無 5. 해당없음 6. 무응답	1. 실시 2. 미실시 3. 향후추진 4. 해당없음 5. 무응답	업체명
8	8	1	2	4	
8	10	6	5	4	지원대상 사업주
8	10	6	5	4	지원대상 사업주
8	10	6	5	4	건설인력 ㅇㅇㅇㅇㅇㅇㅇ조합 등 6개
8	10	6	5	4	지원대상 사업주
1	6	1	1	2	한ㅇㅇㅇㅇㅇ
8	10	6	5	4	지원대상 사업주
1	1	4	3	1	ㅇㅇㅇㅇㅇㅇ센터 등 6개
8	10	6	5	4	근로복지공단
8	10	6	5	4	근로복지공단
8	10	4	1	1	취업성공패키지사업 참여자
8	9(직접수행)	5	4	1	불특정 기업
1	6	1	2	1	한ㅇㅇㅇㅇㅇ
1	1	6	1	1	한ㅇㅇㅇㅇㅇ 외 1건
8	8	6	5	4	정부(중앙관서)가 보조금수령자에게 직접지출
8	8	6	5	4	정부(중앙관서)가 보조금수령자에게 직접지출
8	8	6	5	4	정부(중앙관서)가 보조금수령자에게 직접지출
8	8	6	5	4	정부(중앙관서)가 보조금수령자에게 직접지출
1	9(심사)	6	1	2	대학 및 민간기관
8	9(직접수행)	5	4	1	기업 대상
1	1	5	1	4	ㅇㅇㅇㅇ ㅇㅇ지역본부
8	10	6	1	4	ㅇㅇㅇㅇㅇㅇ
9	11	7	6	5	
2	2	2	2	1	㈜ㅇㅇㅇ넷, ㈜ㅇㅇㅇ트
8	10	6	1	4	ㅇㅇㅇㅇㅇㅇ센터 지정기관
1	9(공고 후 적합기관 심사)	4	1	1	ㅇㅇㅇㅇ재단 등 64개소
8	10	6	5	4	장애인 고용 사업체
6(20년)	2	2	3	1	학ㅇㅇㅇㅇㅇㅇㅇ
8	10	6	1	1	학ㅇㅇㅇㅇㅇㅇㅇ
6(20년)	2	2	3	1	한ㅇㅇㅇㅇㅇㅇㅇ
8	10	6	5	4	
8	10	6	5	4	
8	9(심의위원회 심의)	3	2	1	ㅇㅇㅇ 등 279개
1	9(공모)	6	3	4	한ㅇㅇㅇ 등 57개 노동단체 및 법인
1	9(법에 의한 보조)	6	3	4	노ㅇㅇㅇㅇㅇ
1	10	1	1	1	노ㅇㅇㅇㅇㅇ
1	2	1	1	1	노ㅇㅇㅇㅇㅇ
1	2	1	1	1	공모중
1	2	1	1	1	공모중
8	9(법정지정위탁)	5	4	1	한ㅇㅇㅇㅇㅇㅇㅇㅇㅇ
1	6	1	2	1	한국데이터진흥원
8	6	2	2	1	한국방송통신전파진흥원
6(7년)	6	2	2	1	한국전자통신연구원
1	9(협약)	3	2	1	한국과학기술단체총연합회
7(10개월)	6	1	5	1	국제원산지정보원
7(10개월)	2	1	5	1	국제원산지정보원, 관세법인 신한
9	11	7	6	5	
9	11	7	6	5	
5	7	2	1	3	대한민국재향군인회
1	9(공모)	1	1	1	대학 및 전문교육기관 55개

순번	기관명	세부사업명	2018년 예산 (단위:천원)	민간이전 분류 : 지출세목별 1. 민간경상보조(320-01) 2. 민간위탁사업비(320-02) 3. 민간자본보조(320-07) 4. 법정민간대행사업비(320-08)	입찰방식 입찰방법 1. 일반입찰 2. 제한입찰 3. 지명입찰 4. 수의계약 5. 법정지정위탁 6. 고시/훈령/지침 지정위탁 7. 기타(내용기재) 8. 해당없음 9. 무응답
51	국가보훈처	제대군인사회복귀지원(제대군인 수업료보조)	464,000	1	3
52	국가보훈처	제대군인사회복귀지원(제대군인 무료법률구조지원)	20,000	1	3
53	국가보훈처	보훈정신계승발전	403,000	1	8
54	국가보훈처	보훈정신계승발전	502,000	2	8
55	국가보훈처	LPG차량 세금인상분 지원	21,715,000	1	8
56	국가보훈처	교통시설이용지원(일반회계)	10,630,000	1	8
57	국가보훈처	골프장위탁운영(보훈기금)	17,966,000	2	8
58	국가보훈처	골프장시설투자(보훈기금)	1,340,000	4	8
59	국가보훈처	호국보훈의달행사(나라사랑큰나무 달기 운동)	126,000	1	7(공모)
60	국가보훈처	호국보훈의달행사(호국보훈의 달 계기 민간행사)	90,000	1	8
61	국가보훈처	보훈단체 운영	17,900	1	8
62	국가보훈처	보훈단체선양활동드	3,009	1	8
63	국가보훈처	고엽제단체등지원	2,562	1	8
64	국가보훈처	참전단체지원	5,420	1	8
65	국가보훈처	독도의용수비대기념사업회지원	841,000	1	9
66	국가보훈처	독립운동관련사업등지원	1,664,000	1	9
67	국가보훈처	보훈기념행사	745,000	1	9
68	국가보훈처	보훈요양원 건립	12,577,000	4	5
69	국무조정실	갈등관리 교육	60,000	1	5
70	국무조정실	지자체 갈등관리 역량강화	60,000	1	5
71	국무총리비서실	(사)ICAPP 사무국 지원	500,000	1	8
72	국민권익위원회	반부패·권익증진 확산 프로그램 공모	169,000	1	7(공모)
73	국토교통부	민자유치활성화지원	258,300,000	1	8
74	국토교통부	민자유치건설보조금	59,500,000	3	8
75	국토교통부	첨단도로교통체계	4,800,000	2	6
76	국토교통부	첨단도로교통체계	44,770,000	4	6
77	국토교통부	국제협력기구 지원 등	194,000	2	4
78	국토교통부	PSO보상	323,832,000	1	8
79	국토교통부	철도핵심인력양성	1,376,000	1	6
80	국토교통부	민자철도운영지원	307,845,000	1	8
81	국토교통부	신분당선(용산-강남)	44,000,000	3	6
82	국토교통부	인천국제공항 운영지원	1,120,000	2	1
83	국토교통부	항공전문인력양성	3,359,000	1	8
84	국토교통부	청주국제공항주기장확장및계류장신설	5,000,000	3	1
85	국토교통부	항행안전시설운영및구축	455,000	2	1
86	국토교통부	공항소음대책	9,260,000	1	5
87	국토교통부	국제항공안전표준화사업	605,000	2	4
88	국토교통부	항공안전체계구축및유지관리	220,000	2	4
89	국토교통부	드론 전용비행시험장 구축	10,000,000	2	4
90	국토교통부	드론 안전 및 활성화 지원	4,200,000	2	4
91	국토교통부	드론 기업지원허브 운영	2,031,000	2	4
92	국토교통부	군위탁컨테이너화물자동차관리비	140,000	1	8
93	국토교통부	군위탁컨테이너화물자동차관리비	600,000	3	8
94	국토교통부	교통사고예방지원	509,000	1	8
95	국토교통부	물류산업지원	1,970,000	1	7(보조사업자 공모)
96	국토교통부	물류산업지원	570,000	4	1
97	국토교통부	주택행정정보시스템운영(정보화)	3,089,000	2	4
98	국토교통부	골재자원조사및관리	1,400,000	4	4
99	국토교통부	건설기계임대체납신고센터운영	200,000	1	8

| 계약기간 | 낙찰자 선정방법 | 운영 예산 산정 | | 성과평가 실시여부 | 지출대상 단체 (민간) |
| | | 원가산정 | 정산방법 | | |
1. 1년 2. 2년 3. 3년 4. 4년 5. 5년 6. 기타 ( )년 7. 단기계약 (1년 미만) 8. 해당없음 9. 무응답	1. 적격심사낙찰제 2. 협상에 의한 계약 3. 최저가낙찰제 4. 2단계입찰 5. 규격,가격 분리 동시 입찰 6. (수의계약)법,고시 위탁계약 7. (수의계약)법,고시 대행협약 8. 수의계약 9. 기타(내용기재) 10. 해당없음 11. 무응답	1. 내부산정 2. 외부산정 3. 내·외부 모두산정 4. 규정에 운영예산 명시 5. 산정 無 6. 해당없음 7. 무응답	1. 내부정산 2. 외부정산 3. 내·외부 모두정산 4. 정산 無 5. 해당없음 6. 무응답	1. 실시 2. 미실시 3. 향후추진 4. 해당없음 5. 무응답	업체명
8	10	1	1	4	대학교 및 고등학교
8	10	1	1	4	대한법률구조공단
8	10	1	1	1	보조사업자 선정 전이라 업체 미지정 상태임
8	10	1	1	1	보훈교육연구원
8	10	1	1	1	㈜신한카드
8	10	6	5	1	전국버스운송사업조합연합회, 한국철도공사, ㈜SR, 내항여객선사
8	10	6	5	1	88관광개발㈜
8	10	6	5	1	88관광개발㈜
1	9(공모)	1	1	1	(사)사회문화정책연구원
1	10	1	1	1	(사)한국보훈선교단 외 38건
8	10	1	1	1	광복회 등 10개 단체
8	10	1	1	1	광복회 등 14개 단체
8	10	1	1	1	고엽제전우회
8	10	1	1	1	6.25참전유공자회 등 2개 단체
9	11	7	6	5	
9	11	7	6	5	
9	11	7	6	5	
8	7	6	5	4	한국보훈복지의료공단
3	10	1	1	1	한국행정연구원
3	10	1	1	1	단국대 분쟁해결연구센터
8	10	1	2	1	(사)ICAPP 사무국
7	9(민간공모사업 심사위원회 심사)	5	1	1	미정
8	10	3	3	1	신공항하이웨이㈜, 천안논산고속도로㈜, 신대구부산고속도로㈜, 서울고속도로㈜, 부산울산고속도로㈜, 서울춘천고속도로㈜, 인천대교㈜
8	10	3	3	1	서울문산고속도로㈜, 경기동서순환도로㈜, 제이외곽순환도로㈜
1	6	1	1	3	한국도로공사, 한국지능형교통체계협회
1	6	1	1	3	한국도로공사, 한국건설기술연구원
1	6	1	1	4	한국도로협회
8	8	3	3	1	한국철도공사
1	1	2	1	1	한국철도협회
6(20년)	9(민자추진사업)	3	3	4	한국철도시설공단
8	2	2	2	4	새서울철도
4	3	1	1	1	인천공항어린이집
5	10	6	1	1	한국항공협회
2	3	1	1	4	한국공항공사
1	2	1	1	4	한국항공진흥협회
8	10	1	1	4	한국공항공사
1	6	1	1	3	한국교통안전공단
1	6	1	1	4	한국항공협회
1	6	1, 4	1	3	항공안전기술원
1	6	1, 4	1	3	항공안전기술원
1	6	1, 4	1	3	항공안전기술원
8	10	1	3	1	한국철도공사
8	10	1	3	1	한국철도공사
8	10	1	3	4	한국교통장애인협회
3, 5	9(선정위원회 제안서 평가)	1	1	1	대한상공회의소(민관합동물류지원센터 운영기관), 한국통합물류협회(물류전문인력양성사업 대행기관)
1	2	1	1	1	한국교통연구원
1	8	1	1	4	LH공사
1	7	1	1	1	한국수자원공사, 한국지질자원연구원
8	10	1	1	4	대한건설기계협회

순번	기관명	세부사업명	2018년 예산 (단위:천원)	민간이전 분류 : 지출세목별 1. 민간경상보조(320-01) 2. 민간위탁사업비(320-02) 3. 민간자본보조(320-07) 4. 법정민간대행사업비(320-08)	입찰방식 입찰방법 1. 일반입찰 2. 제한입찰 3. 지명입찰 4. 수의계약 5. 법정지정위탁 6. 고시/훈령/지침 지정위탁 7. 기타(내용기재) 8. 해당없음 9. 무응답
100	국토교통부	해외인프라시장개척	12,355,000	1	5, 6, 8
101	국토교통부	건설공사품질시험	150,000	4	4, 5, 6
102	국토교통부	친환경물류지원	1,860,000	1	1
103	국토교통부	전환교통지원사업	3,200,000	1	4
104	국토교통부	그린리모델링 활성화	1,706,000	1	8
105	국토교통부	배출권거래제	2,924,000	4	4
106	국토교통부	평화의댐치수능력증대	13,148,000	4	5
107	국토교통부	댐직하류하천정비	16,000,000	4	5
108	국토교통부	지하수관리	13,574,000	4	5
109	국토교통부	수자원정책알리기및국제협력	1,000,000	1	5
110	국토교통부	수자원정책알리기및국제협력	1,090,000	2	2
111	국토교통부	전국유역조사	1,540,000	4	4
112	국토교통부	수자원시설조사및연구	3,249,000	4	5
113	국토교통부	충주댐치수능력증대	23,628,000	4	5
114	국토교통부	남강댐 치수능력증대	900,000	4	5
115	국토교통부	주암댐 도수터널 시설안정화사업	1,163,000	4	5
116	국토교통부	댐유지관리	47,944,000	4	5
117	국토교통부	댐 안전성강화(1단계) 사업	8,201,000	4	5
118	국토교통부	국가하천유지보수	38,630,000	4	5
119	국토교통부	가뭄조사 및 모니터링	1,726,000	4	5
120	국토교통부	지가조사	3,006,000	2	4
121	국토교통부	국토공간정보 인력양성	1,122,680	1	5
122	국토교통부	시화방조제 관리지원	1,970,000	4	4
123	국토교통부	청소년 국토교육 지원	309,000	1	8
124	국토교통부	부동산투자회사 감독 및 검사지원	30,000	2	9
125	국토교통부	건축문화진흥	80,000	1	7(공동주최)
126	국토교통부	건축문화진흥	330,000	2	5
127	국토교통부	건축안전	300,000	2	5
128	국토교통부	스마트시티 기반구축	980,000	1	6
129	국토교통부	스마트시티 기반구축	810,000	2	7(지자체공모)
130	국토교통부	건축물 온실가스 및 에너지절감사업 활성화	2,606,000	1	5
131	국토교통부	국토공간정책지원	1,862,000	2	4
132	국토교통부	개발부담금 징수 및 관리	20,000	4	8
133	국토교통부	개발제한구역관리	500,000	4	5
134	국토교통부	주거급여지원	28,800,000	1	6
135	국토교통부	주택공시가격조사	7,088,000	2	4
136	국토교통부	부동산 서비스산업 육성	150,000	2	9
137	국토교통부	재정비촉진사업지원	1,000,000	2	4
138	국토교통부	공동주택관리 분쟁조정센터 운영지원	1,713,000	2	4
139	국토교통부	하자심사분쟁조정위원회 업무위탁	1,771,000	2	4
140	국토교통부	전세임대경상보조	50,921,000	1	8
141	국토교통부	행복주택출자	5,552,000	3	8
142	국토교통부	의무보험전산망	2,427,000	2	5
143	국토교통부	피해자지원	29,336,000	2	5
144	국토교통부	정부보장사업	22,652,000	2	5
145	국토교통부	생활지원및학자금(융자)	3,360,000	2	5
146	국토교통부	국립교통재활병원	3,553,000	2	2
147	금융위원회	금융관련국제협력및금융중심지추진	493,000	1	5
148	금융위원회	전문금융인양성과정	1,000,000	1	1
149	금융위원회	서민금융지원 홍보	500,000	1	8
150	기상청	국제 기상전문인력 양성	250,000	4	4
151	기상청	미얀마 기상재해감시시스템 현대화 사업 외 1건	2,598,000	4	4
152	기상청	지상·고층기상관측망 확충 및 운영	8,355,745	4	6
153	기상청	해양기상관측망 확충 및 운영	8,005,000	4	6

계약기간	낙찰자 선정방법	운영 예산 산정		성과평가 실시여부	지출대상 단체 (민간)
		원가산정	정산방법		업체명
1. 1년 2. 2년 3. 3년 4. 4년 5. 5년 6. 기타 ( )년 7. 단기계약 (1년 미만) 8. 해당없음 9. 무응답	1. 적격심사낙찰제 2. 협상에 의한 계약 3. 최저가낙찰제 4. 2단계입찰 5. 규격,가격 분리 동시 입찰 6. (수의계약)법,고시 위탁계약 7. (수의계약)법,고시 대행협약 8. 수의계약 9. 기타(내용기재) 10. 해당없음 11. 무응답	1. 내부산정 2. 외부산정 3. 내·외부 모두산정 4. 규정에 운영예산 명시 5. 산정 無 6. 해당없음 7. 무응답	1. 내부정산 2. 외부정산 3. 내·외부 모두정산 4. 정산 無 5. 해당없음 6. 무응답	1. 실시 2. 미실시 3. 향후추진 4. 해당없음 5. 무응답	
8	10	6	5	4	해외건설협회, 서울도시과학기술고, IUC
1	7	3	3	1	한국건설기술연구원
1	2	1	1	1	한국교통안전공단
1	6	1	1	1	미정
8	8	6	1	1	한국토지주택공사
7	6	1	1	1	한국에너지공단, 한국교통안전공단
1	7	1	1	1	한국수자원공사
1	7	2	1	1	한국수자원공사
1	7	3	1	1	한국수자원공사
8	10	1	1	4	유네스코물안보국제연구교육센터
1	2	1	1	4	미정
1	7	3	3	1	한국수자원공사
1	7	1	1	1	한국수자원공사
1	7	1	1	1	한국수자원공사
1	7	1	1	1	한국수자원공사
1	7	1	1	1	한국수자원공사
1	7	1	1	1	한국수자원공사
1	7	1	1	1	한국수자원공사
1	7	1	1	1	한국수자원공사
1	7	1	1	1	한국수자원공사
1	6	1	1	1	한국감정원, 한국감정평가사협회
3	7	1	1	1	공간정보산업진흥원
1	8	1	1	1	한국수자원공사
8	10	6	1	1	한국토지주택공사
9	11	7	6	5	한국리츠협회
1	10	1	1	2	대한건축사협회
1	6	1	1	2	건축도시공간연구소
1	6	6	1	4	한국시설안전공단
8	10	6	5	4	국토교통과학기술진흥원
8	10	6	5	4	미정
1	6	6	1	4	한국에너지공단, 한국감정원, 한국시설안전공단
1	6	1	1	1	공간정보산업진흥원
8	10	1	1	4	LH공사
8	6	6	1	4	한국토지주택공사
8	10	1	1	2	LH공사
1	6	1	1	1	한국감정원
9	11	7	6	5	
7	6	1	1	4	한국감정원
1	6	1	1	4	LH공사
1	6	1	1	4	한국시설안전공단
8	10	1	1	2	LH공사
8	10	1	1	2	제주국제자유도시개발센터(JDC)
8	10	1	1	1	보험개발원
8	10	1	1	1	한국교통안전공단
8	10	1	1	1	손해보험협회
8	10	1	1	1	한국교통안전공단
5	1	1	1	1	국립교통재활병원
8	10	6	2	1	금융중심지지원센터
4	1	6	2	1	부산대학교, 한국해양대학교
8	10	6	2	2	서민금융진흥원
1	8	1	2	1	한국기상산업기술원
1	8	1	2	1	한국기상산업기술원
1	6	1	1	1	한국기상산업기술원
1	6	1	1	1	한국기상산업기술원

순번	기관명	세부사업명	2018년 예산 (단위:천원)	민간이전 분류 : 지출세목별 1. 민간경상보조(320-01) 2. 민간위탁사업비(320-02) 3. 민간자본보조(320-07) 4. 법정민간대행사업비(320-08)	입찰방식 입찰방법 1. 일반입찰 2. 제한입찰 3. 지명입찰 4. 수의계약 5. 법정지정위탁 6. 고시/훈령/지침 지정위탁 7. 기타(내용기재) 8. 해당없음 9. 무응답
154	기상청	생활기상정보 통합관리시스템 운영 및 유지관리 대행역무	160,000	4	6
155	기상청	기상관측선 건조 및 운영	198,752	4	6
156	기획재정부	아동복지시설 아동치료, 재활지원 시범사업	1,034,000	1	1
157	기획재정부	재난적 의료비 지원사업	35,662,000	1	5
158	기획재정부	청소년창업비전센터 건립	2,834,000	3	9
159	기획재정부	한국보훈복지의료공단 지원	39,267,000	1	1, 2
160	기획재정부	사회복지공동모금회 지원	28,900,000	1	8
161	기획재정부	산림환경기능증진자금 지원	46,293,000	1	5
162	기획재정부	복권판매사업비	2,600,264,000	2	1
163	기획재정부	국제금융센터 보조	2,000,000	1	5
164	기획재정부	통상연계형경협	600,000	1	7(보조금 직접교부)
165	농촌진흥청	선도농업인교육육성지원	470,000	1	7(농업인학습단체)
166	농촌진흥청	농업(또는농촌)후계인력육성교육지원	810,000	1	7(농업인학습단체)
167	농촌진흥청	여성농업인 능력개발(생활개선)교육지원	330,000	1	7(농업인학습단체)
168	대통령비서실	어린이집 위탁운영	1,508,866	2	9
169	문화재청	무형문화재보호	600,000	2	9
170	문화재청	무형유산원운영	2,981,336	1	5
171	문화재청	무형유산원운영	6,989,000	2	5
172	문화재청	문화재수리기술진흥	889,000	4	5
173	문화재청	전통건축수리기술진흥재단 운영	3,397,000	1	5
174	문화재청	유형문화재관리	700,000	1	7(보조금관리에 관한 법률 제16조 의거)
175	문화재청	국유문화재위탁관리 지원	2,500,000	2	9
176	문화재청	조선왕릉보존관리	435,000	1	7(보조금관리에 관한 법률 제16조 의거)
177	문화재청	궁능유적관리수입대체경비	80,000	1	8
178	문화재청	문화재보호 및 조사 민간지원	800,000	2	4
179	문화재청	문화재예방관리강화	80,000	1	7(전문성 있는 단독기관)
180	문화재청	문화재국제협력(ODA)	2,141,000	2	5
181	문화재청	유네스코아태무형유산센터운영	2,831,000	1	7(보조금관리에 관한 법률 제16조 의거)
182	문화재청	세계유산등재 및 보존관리(보조)	75,000	1	7(보조금관리에 관한 법률 제16조 의거)
183	문화재청	국외문화재환수및활용	4,995,000	1	5
184	문화재청	문화유산 활용 진흥	12,535,000	2	6
185	문화재청	한국문화재재단지원	3,867,000	1	5
186	문화재청	한국문화재재단지원	4,914,000	2	5
187	문화재청	문화재보호 민간참여 활성화	1,765,000	1	7(보조금관리에 관한 법률 제16조 의거)
188	문화재청	남북간 문화재 교류협력	150,000	1	7(보조금관리에 관한 법률 제16조 의거)
189	문화재청	천연기념물 보호관리단체 지원	879,000	1	5
190	문화재청	일반문화재 조사·연구	2,114,000	1	7(보조금관리에 관한 법률 제16조 의거)
191	문화재청	불교문화재 연구시설 건립	3,296,000	3	9
192	문화재청	문화유산교육 활성화	364,000	1	4
193	문화재청	문화유산채널 구축·운영	2,370,000	2	6
194	문화재청	문화재 돌봄사업	1,700,000	1	9
195	문화재청	폐사지 등 비지정문화재조사	1,400,000	1	7(공모)
196	문화재청	문화재 재난안전 관리	300,000	1	7(공모)
197	문화재청	국내외 문화재 긴급 매입 및 관리지원	1,220,000	4	5
198	문화재청	소규모·긴급 매장문화재 조사 지원	676,000	1	4
199	문화재청	소규모·긴급 매장문화재 조사 지원	12,695,000	2	6

계약기간	낙찰자 선정방법	운영 예산 산정		성과평가 실시여부	지출대상 단체 (민간)	
		원가산정	정산방법			업체명
1. 1년 2. 2년 3. 3년 4. 4년 5. 5년 6. 기타 ( )년 7. 단기계약 (1년 미만) 8. 해당없음 9. 무응답	1. 적격심사낙찰제 2. 협상에 의한 계약 3. 최저가낙찰제 4. 2단계입찰 5. 규격,가격 분리 동시 입찰 6. (수의계약)법,고시 위탁계약 7. (수의계약)법,고시 대행협약 8. 수의계약 9. 기타(내용기재) 10. 해당없음 11. 무응답	1. 내부산정 2. 외부산정 3. 내·외부 모두산정 4. 규정에 운영예산 명시 5. 산정 無 6. 해당없음 7. 무응답	1. 내부정산 2. 외부정산 3. 내·외부 모두정산 4. 정산 無 5. 해당없음 6. 무응답	1. 실시 2. 미실시 3. 향후추진 4. 해당없음 5. 무응답		
1	6	1	1	2	한국기상산업기술원	
1	6	1	1	1	한국기상산업기술원	
1	9(선정심의위원회 구성 선정)	1	1	1	업체선전중	
8	10	6	1	1	국민건강보험공단	
9	11	7	6	5		
2, 7	1, 3	3	3	1	한국보훈복지의료공단	
8	8	4	3	1	사회복지공동모금회	
8	10	4	3	1	한국산림복지진흥원	
5	2	2	3	3	㈜나눔로또	
1	9	1	1	1	국제금융센터	
1	9	2	2	3	코트라	
8	10	1	1	1	한국농촌지도자중앙연합회	
8	10	1	1	1	한국4-H본부	
8	10	1	1	1	한국생활개선중앙연합회	
9	11	7	6	1		
9	11	7	6	5	비공개	
1	6	1	1	1		
1	6	1	1	1		
1	6	1	1	2		
1	6	1	1	1		
1	9(교부신청)	1	1	1		
9	11	7	6	5		
1	9(교부신청)	1	1	1		
8	8	1	1	1		
1	8	1	2	1		
1	10	1	1	1		
1	6	1	3	1		
1	10	6	3	1		
1	7	1	1	1		
1	10	6	3	1		
1	6	1	1	1		
1	6	1	1	1		
1	6	1	1	1		
7	9(교부신청)	1	1	1		
1	9(보조금관리에 관한 법률 제16조 의거)	1	1	1		
8	10	1	1	1		
1	9(교부신청)	1	1	1		
9	11	7	6	5		
1	8	1	3	1		
1	6	1	1	1		
9	11	7	6	5		
1	9(심사)	7	3	1		
7	1	1	1	1		
1	10	6	3	1		
1	9(청-조계종 MOU 체결에 따른 협력사업(폐사지 시발굴조사사업))	1	2	2		
1	6	1	2	1		

순번	기관명	세부사업명	2018년 예산 (단위:천원)	민간이전 분류 : 지출세목별 1. 민간경상보조(320-01) 2. 민간위탁사업비(320-02) 3. 민간자본보조(320-07) 4. 법정민간대행사업비(320-08)	입찰방식 입찰방법 1. 일반입찰 2. 제한입찰 3. 지명입찰 4. 수의계약 5. 법정지정위탁 6. 고시/훈령/지침 지정위탁 7. 기타(내용기재) 8. 해당없음 9. 무응답
200	문화체육관광부	방방곡곡문화공감	15,000,000	1	9
201	문화체육관광부	소외계층문화순회(매칭형)	13,000,000	1	9
202	문화체육관광부	소외계층문화순회(발굴형)	4,000,000	1	9
203	문화체육관광부	소외계층문화순회(소규모순회)	3,210,000	1	9
204	문화체육관광부	한국관광 이미지광고	18,800,000	1	9
205	문화체육관광부	한국관광 온라인홍보	2,870,000	1	9
206	문화체육관광부	홍보물활용 한국관광홍보	1,997,000	1	9
207	문화체육관광부	글로벌네트워크 활용 한국관광홍보	2,077,000	1	9
208	문화체육관광부	국민체력인증제 운영	6,100,470	1	9
209	문화체육관광부	국민체력인증 기반구축	936,970	1	9
210	문화체육관광부	장애인체력인증센터 운영	651,000	1	9
211	문화체육관광부	체육인복지사업	1,735,000	1	9
212	문화체육관광부	장애체육인복지사업	603,000	1	9
213	문화체육관광부	스포츠서비스 기술개발	1,000,000	1	9
214	문화체육관광부	스포츠융복합 기술개발	4,275,000	1	9
215	문화체육관광부	한국도핑방지위원회 운영 지원	1,963,000	1	9
216	문화체육관광부	도핑방지위원회 활동 지원	2,798,000	1	9
217	문화체육관광부	평창동계올림픽 도핑검사 시료분석 지원	4,005,000	1	9
218	문화체육관광부	도핑콘트롤센터 기능 보강	1,000,000	3	9
219	문화체육관광부	첨단기술 VFX영화 테스트베드	450,000	1	9
220	문화체육관광부	한국영화 특수장면 개발지원	582,000	1	9
221	문화체육관광부	강소형기술기업 프로젝트 육성지원	743,000	1	9
222	문화체육관광부	차세대영상콘텐츠 제작지원	270,000	1	9
223	문화체육관광부	차세대 영상콘텐츠 프리비즈 지원	565,000	1	9
224	문화체육관광부	문화관광해설사 교육 및 관리	222,000	1	9
225	문화체육관광부	국가디지털콘텐츠식별체계(UCI)운영 및 활성화	1,244,000	1	9
226	문화체육관광부	장애인 예술 역량강화	5,280,000	1	9
227	문화체육관광부	장애인 공연예술단 지원	1,250,000	1	9
228	문화체육관광부	국학자료 수집·보존 및 연구·보급	3,328,000	1	9
229	문화체육관광부	호남한국학 진흥 지원	1,000,000	1	9
230	문화체육관광부	퇴계학진흥연구	50,000	1	9
231	문화체육관광부	글로벌 뮤직 네트워크 구축 지원	626,000	1	9
232	문화체육관광부	영상물등급위원회 지원	2,605,000	1	9
233	문화체육관광부	게임물관리위원회 지원	8,881,000	1	9
234	문화체육관광부	박물관문화재단 지원	2,186,000	1	9
235	문화체육관광부	체육지도자 양성	1,645,000	1	9
236	문화체육관광부	한국문화정보원 운영	6,662,000	1	9
237	문화체육관광부	동학농민혁명기념 정신선양사업 지원	929,000	1	9
238	문화체육관광부	동학농민혁명기념공원 조성	8,872,000	3	9
239	문화체육관광부	어르신 문화프로그램 운영	3,788,000	1	9
240	문화체육관광부	콘텐츠 기술료 사후관리	123,000	1	9
241	문화체육관광부	분기별 콘텐츠산업 동향분석	233,000	1	9
242	문화체육관광부	콘텐츠산업 백서 발간	30,000	1	9
243	문화체육관광부	콘텐츠산업 매거진 발간	90,000	1	9
244	문화체육관광부	해외 콘텐츠시장 동향조사	70,000	1	9
245	문화체육관광부	콘텐츠산업 정보포털 운영	804,000	1	9
246	문화체육관광부	콘텐츠 공정상생 환경조성	135,000	1	9
247	문화체육관광부	콘텐츠산업 정책통계 지표개발 및 조사	100,000	1	9
248	문화체육관광부	도서관 핵심기술 개발(빅데이터)	809,000	1	9
249	문화체육관광부	태권도 교육 연구 지원	1,110,000	1	9
250	문화체육관광부	태권도 세계화	9,750,000	1	9
251	문화체육관광부	태권도 프리미엄 산업 생태계 창출	3,376,000	1	9
252	문화체육관광부	태권도 문화콘텐츠 개발 보급	150,000	1	9
253	문화체육관광부	국기원 명소화 사업	3,000,000	3	9

계약기간	낙찰자 선정방법	운영 예산 산정		성과평가 실시여부	지출대상 단체 (민간)
		원가산정	정산방법		
1. 1년 2. 2년 3. 3년 4. 4년 5. 5년 6. 기타 ( )년 7. 단기계약 　(1년 미만) 8. 해당없음 9. 무응답	1. 적격심사낙찰제 2. 협상에 의한 계약 3. 최저가낙찰제 4. 2단계입찰 5. 규격,가격 분리 동시 입찰 6. (수의계약)법,고시 위탁계약 7. (수의계약)법,고시 대행협약 8. 수의계약 9. 기타(내용기재) 10. 해당없음 11. 무응답	1. 내부산정 2. 외부산정 3. 내·외부 모두산정 4. 규정에 운영예산 명시 5. 산정 無 6. 해당없음 7. 무응답	1. 내부정산 2. 외부정산 3. 내·외부 모두정산 4. 정산 無 5. 해당없음 6. 무응답	1. 실시 2. 미실시 3. 향후추진 4. 해당없음 5. 무응답	업체명
9	11	7	6	5	공연예술본부
9	11	7	6	5	
9	11	7	6	5	
9	11	7	6	5	
9	11	7	6	5	
9	11	7	6	5	
9	11	7	6	5	
9	11	7	6	5	
9	11	7	6	5	
9	11	7	6	5	
9	11	7	6	5	
9	11	7	6	5	
9	11	7	6	5	
9	11	7	6	5	
9	11	7	6	5	
9	11	7	6	5	
9	11	7	6	5	영화진흥위원회
9	11	7	6	5	영화진흥위원회
9	11	7	6	5	영화진흥위원회
9	11	7	6	5	
9	11	7	6	5	
9	11	7	6	5	
9	11	7	6	5	
9	11	7	6	5	
9	11	7	6	5	
9	11	7	6	5	
9	11	7	6	5	
9	11	7	6	5	
9	11	7	6	5	
9	11	7	6	5	
9	11	7	6	5	한국콘텐츠진흥원
9	11	7	6	5	
9	11	7	6	5	
9	11	7	6	5	
9	11	7	6	5	
9	11	7	6	5	
9	11	7	6	5	
9	11	7	6	5	
9	11	7	6	5	
9	11	7	6	5	

순번	기관명	세부사업명	2018년 예산 (단위:천원)	민간이전 분류 : 지출세목별 1. 민간경상보조(320-01) 2. 민간위탁사업비(320-02) 3. 민간자본보조(320-07) 4. 법정민간대행사업비(320-08)	입찰방식 입찰방법 1. 일반입찰 2. 제한입찰 3. 지명입찰 4. 수의계약 5. 법정지정위탁 6. 고시/훈령/지침 지정위탁 7. 기타(내용기재) 8. 해당없음 9. 무응답
254	문화체육관광부	콘텐츠기업 투융자 기반 조성	1,332,000	1	9
255	문화체육관광부	뉴스유통지원	3,255,000	1	9
256	문화체육관광부	기업과예술의만남활성화(한국메세나협회)	1,900,000	1	9
257	문화체육관광부	문화예술협력네트워크	350,000	1	9
258	문화체육관광부	문화예술후원매개단체 및 후원우수기관인증	150,000	1	9
259	문화체육관광부	문화로인사합시다	100,000	1	9
260	문화체육관광부	공연예술실태조사	203,000	1	9
261	문화체육관광부	예술경영지원센터지원	4,600,000	1	9
262	문화체육관광부	한국콘텐츠진흥원 지원	22,056,000	1	9
263	문화체육관광부	한국저작권위원회 운영 지원(인건비)	5,806,000	1	9
264	문화체육관광부	한국저작권위원회 운영 지원(경상비)	1,925,000	1	9
265	문화체육관광부	한국저작권위원회 고유사업비 지원	4,000,000	1	9
266	문화체육관광부	문화관광축제 육성 및 지원	400,000	1	9
267	문화체육관광부	캠핑산업 관광 활성화 지원	1,270,000	1	9
268	문화체육관광부	캠핑산업 관광 활성화 지원	1,646,000	3	9
269	문화체육관광부	의료 및 웰니스 관광 육성	5,942,000	1	9
270	문화체육관광부	한민족정보마당 고도화 및 이용활성화	200,000	1	9
271	문화체육관광부	한지 분야 지원	450,000	1	9
272	문화체육관광부	한복 분야 지원	2,340,000	1	9
273	문화체육관광부	전통문화융복합자원 발굴	700,000	1	9
274	문화체육관광부	한복진흥센터 지원	360,000	1	9
275	문화체육관광부	한식문화 진흥기반 구축	700,000	1	9
276	문화체육관광부	지역전통한식 발굴 및 확산	200,000	1	9
277	문화체육관광부	한국적 생활문화공간 조성	400,000	1	9
278	문화체육관광부	태권도진흥재단 운영	5,413,000	1	9
279	문화체육관광부	태권도원 운영	12,920,000	1	9
280	문화체육관광부	사이버안전센터 전담운영	640,000	1	9
281	문화체육관광부	건전 게임문화 활성화 지원	4,552,000	1	9
282	문화체육관광부	기능성게임 활성화 지원	2,704,000	1	9
283	문화체육관광부	국제게임전시회 개최 지원	171,000	1	9
284	문화체육관광부	국제게임컨퍼런스 개최	86,000	1	9
285	문화체육관광부	대구글로벌게임문화축제 개최	256,000	1	9
286	문화체육관광부	대한민국게임대상 시상식 개최	86,000	1	9
287	문화체육관광부	국가기술자격검정 지원	380,000	1	9
288	문화체육관광부	게임 해외수출 활성화 지원	1,482,000	1	9
289	문화체육관광부	게임부스트센터 구축	7,325,000	1	9
290	문화체육관광부	차세대 게임콘텐츠 제작 지원	9,464,000	1	9
291	문화체육관광부	게임글로벌서비스 플랫폼 지원	3,058,000	1	9
292	문화체육관광부	모바일게임 글로벌 퍼블리싱	3,110,000	1	9
293	문화체육관광부	이스포츠활성화(한국콘텐츠진흥원)	1,358,000	1	9
294	문화체육관광부	이스포츠활성화(한국이스포츠협회)	880,000	1	9
295	문화체육관광부	이스포츠활성화(국제이스포츠연맹)	270,000	1	9
296	문화체육관광부	지역기반 게임산업 육성	13,000,000	1	9
297	문화체육관광부	첨단융복합 게임콘텐츠 활성화 지원	6,863,000	1	9
298	문화체육관광부	정책정보기능내실화	332,000	1	9
299	문화체육관광부	한국영상자료원 지원	11,418,000	1	9
300	문화체육관광부	등록저작물 영구보존환경 구축	378,000	1	9
301	문화체육관광부	저작권 정보관리시스템 통합 및 연계	550,000	1	9
302	문화체육관광부	예술의전당 리모델링(노후시설 개보수)	2,860,000	3	9
303	문화체육관광부	관광통역안내전화1330운영	2,225,000	1	9
304	문화체육관광부	관광경찰 협업	100,000	1	9
305	문화체육관광부	외국어 관광안내표기 번역 지원	120,000	1	9
306	문화체육관광부	관광안내소 서비스 모니터링 평가	200,000	1	9
307	문화체육관광부	외국인언어불편해소지원(BBB)(통역 자원봉사 단체 운영 지원)	718,000	1	9

| 계약기간 | 낙찰자 선정방법 | 운영 예산 산정 | | 성과평가 실시여부 | 지출대상 단체 (민간) |
| | | 원가산정 | 정산방법 | | |
1. 1년 2. 2년 3. 3년 4. 4년 5. 5년 6. 기타 ( )년 7. 단기계약 (1년 미만) 8. 해당없음 9. 무응답	1. 적격심사낙찰제 2. 협상에 의한 계약 3. 최저가낙찰제 4. 2단계입찰 5. 규격,가격 분리 동시 입찰 6. (수의계약)법,고시 위탁계약 7. (수의계약)법,고시 대행협약 8. 수의계약 9. 기타(내용기재) 10. 해당없음 11. 무응답	1. 내부산정 2. 외부산정 3. 내·외부 모두산정 4. 규정에 운영예산 명시 5. 산정 無 6. 해당없음 7. 무응답	1. 내부정산 2. 외부정산 3. 내·외부 모두정산 4. 정산 無 5. 해당없음 6. 무응답	1. 실시 2. 미실시 3. 향후추진 4. 해당없음 5. 무응답	업체명
9	11	7	6	5	
9	11	7	6	5	
9	11	7	6	5	
9	11	7	6	5	
9	11	7	6	5	
9	11	7	6	5	
9	11	7	6	5	한국문화예술위원회
9	11	7	6	5	(재)예술경영지원센터
9	11	7	6	5	
9	11	7	6	5	
9	11	7	6	5	
9	11	7	6	5	
9	11	7	6	5	
9	11	7	6	5	
9	11	7	6	5	
9	11	7	6	5	
9	11	7	6	5	
9	11	7	6	5	
9	11	7	6	5	
9	11	7	6	5	
9	11	7	6	5	
9	11	7	6	5	
9	11	7	6	5	
9	11	7	6	5	
9	11	7	6	5	
9	11	7	6	5	
9	11	7	6	5	
9	11	7	6	5	
9	11	7	6	5	
9	11	7	6	5	
9	11	7	6	5	
9	11	7	6	5	
9	11	7	6	5	
9	11	7	6	5	
9	11	7	6	5	
9	11	7	6	5	
9	11	7	6	5	
9	11	7	6	5	
9	11	7	6	5	
9	11	7	6	5	
9	11	7	6	5	
9	11	7	6	5	
9	11	7	6	5	
9	11	7	6	5	

순번	기관명	세부사업명	2018년 예산 (단위:천원)	민간이전 분류 : 지출세목별 1. 민간경상보조(320-01) 2. 민간위탁사업비(320-02) 3. 민간자본보조(320-07) 4. 법정민간대행사업비(320-08)	입찰방식 입찰방법 1. 일반입찰 2. 제한입찰 3. 지명입찰 4. 수의계약 5. 법정지정위탁 6. 고시/훈령/지침 지정위탁 7. 기타(내용기재) 8. 해당없음 9. 무응답
308	문화체육관광부	관광통역안내소 운영	1,122,000	1	9
309	문화체육관광부	공항안내소 운영	618,000	1	9
310	문화체육관광부	움직이는 관광안내소(민간경상)	100,000	1	9
311	문화체육관광부	관광안내표준화 및 네트워크확산	50,000	1	9
312	문화체육관광부	관광불편신고센터운영	185,000	1	9
313	문화체육관광부	관광정보 리플릿 제작 배포	247,000	1	9
314	문화체육관광부	관광안내표지판 가이드라인 고도화	80,000	1	9
315	문화체육관광부	읽기 쉬운 관광안내체계 구축 지원(민간경상)	50,000	1	9
316	문화체육관광부	공예산업 진흥기반 구축	4,510,000	1	9
317	문화체육관광부	관광산업활성화를 위한 영화 로케이션 지원	1,952,000	1	9
318	문화체육관광부	SW지적재산권 공정이용 환경 조성	483,000	1	9
319	문화체육관광부	불법복제물 심의 및 시정권고	882,000	1	9
320	문화체육관광부	온라인 불법복제물 모니터링	4,340,000	1	9
321	문화체육관광부	정품 콘텐츠 이용 환경 조성	600,000	1	9
322	문화체육관광부	오프라인 불법복제물 실버감시원 운영	240,000	1	9
323	문화체육관광부	디지털 저작권 침해 과학수사 지원	1,023,000	1	9
324	문화체육관광부	영상물 침해방지 인공지능 시스템 운영	250,000	1	9
325	문화체육관광부	저작권 침해 종합대응체계 구축	300,000	1	9
326	문화체육관광부	한국저작권보호원 지원	5,953,000	1	9
327	문화체육관광부	해외 저작권 지키미 프로젝트	2,317,600	1	9
328	문화체육관광부	해외 진출 저작권 인증서비스 운영	216,000	1	9
329	문화체육관광부	민간주도 해외 저작권 보호체계 기반 구축	1,475,000	1	9
330	문화체육관광부	저작권 비즈니스 활성화 지원	1,534,000	1	9
331	문화체육관광부	자유이용저작물 창조자원화	4,457,000	1	9
332	문화체육관광부	오픈소스SW 활용기반 구축	828,000	1	9
333	문화체육관광부	저작권기술 성능평가 및 표준화 기반 조성	664,000	1	9
334	문화체육관광부	저작권기술 국제협력체계 구축	425,000	1	9
335	문화체육관광부	저작권 보호 및 이용활성화 연구개발	7,289,000	1	9
336	문화체육관광부	특화도서관 조성(민간보조)	50,000	1	9
337	문화체육관광부	투자활성화 아이디어 공모전	90,000	1	9
338	문화체육관광부	해외작은도서관 조성 지원	570,000	1	9
339	문화체육관광부	개도국 문화예술 전문가 초청연수	916,000	1	9
340	문화체육관광부	관광분야 중소기업 투자유치 활성화 지원	987,000	1	9
341	문화체육관광부	관광기업 발굴 및 지원	2,090,000	1	9
342	문화체육관광부	관광산업 종합정보 지원체계 구축	2,000,000	1	9
343	문화체육관광부	동계스포츠 인프라 구축	3,184,000	1	9
344	문화체육관광부	동계종목 우수선수 육성	7,425,000	1	9
345	문화체육관광부	올림픽공원 운영지원	23,935,000	1	9
346	문화체육관광부	문화체육관광 통계 개발 및 운영	1,440,000	1	9
347	문화체육관광부	글로벌 광고인재 운영	390,000	1	9
348	문화체육관광부	광고창작 경연 지원	200,000	1	9
349	문화체육관광부	전통스토리 계승 및 활용	1,552,000	1	9
350	문화체육관광부	문화예술교육 ODA	200,000	1	9
351	문화체육관광부	한국예술창작아카데미	1,100,000	1	9
352	문화체육관광부	전통기획자양성프로젝트	90,000	1	9
353	문화체육관광부	창작뮤지컬아카데미	781,000	1	9
354	문화체육관광부	문화예술기관연수단원지원	4,050,000	1	9
355	문화체육관광부	공연예술스태프지원	3,056,000	1	9
356	문화체육관광부	전문무용수지원센터지원	1,300,000	1	9
357	문화체육관광부	사립미술관전문인력지원	1,200,000	1	9
358	문화체육관광부	관광전문인력양성	207,000	1	9
359	문화체육관광부	카지노리조트아카데미	53,000	1	9
360	문화체육관광부	유원시설 안전관리	1,224,000	1	9
361	문화체육관광부	관광숙박종사원 교육 및 진흥 지원	60,000	1	9

계약기간	낙찰자 선정방법	운영 예산 산정		성과평가 실시여부	지출대상 단체 (민간)
		원가산정	정산방법		업체명
1. 1년 2. 2년 3. 3년 4. 4년 5. 5년 6. 기타 ( )년 7. 단기계약 (1년 미만) 8. 해당없음 9. 무응답	1. 적격심사낙찰제 2. 협상에 의한 계약 3. 최저가낙찰제 4. 2단계입찰 5. 규격,가격 분리 동시 입찰 6. (수의계약)법,고시 위탁계약 7. (수의계약)법,고시 대행협약 8. 수의계약 9. 기타(내용기재) 10. 해당없음 11. 무응답	1. 내부산정 2. 외부산정 3. 내·외부 모두산정 4. 규정에 운영예산 명시 5. 산정 無 6. 해당없음 7. 무응답	1. 내부정산 2. 외부정산 3. 내·외부 모두산정 4. 정산 無 5. 해당없음 6. 무응답	1. 실시 2. 미실시 3. 향후추진 4. 해당없음 5. 무응답	
9	11	7	6	5	
9	11	7	6	5	
9	11	7	6	5	
9	11	7	6	5	
9	11	7	6	5	
9	11	7	6	5	
9	11	7	6	5	
9	11	7	6	5	
9	11	7	6	5	
9	11	7	6	5	
9	11	7	6	5	
9	11	7	6	5	
9	11	7	6	5	
9	11	7	6	5	
9	11	7	6	5	
9	11	7	6	5	
9	11	7	6	5	
9	11	7	6	5	
9	11	7	6	5	
9	11	7	6	5	
9	11	7	6	5	
9	11	7	6	5	
9	11	7	6	5	
9	11	7	6	5	
9	11	7	6	5	
9	11	7	6	5	
9	11	7	6	5	
9	11	7	6	5	
9	11	7	6	5	
9	11	7	6	5	
9	11	7	6	5	
9	11	7	6	5	한국문화예술위원회
9	11	7	6	5	한국문화예술위원회
9	11	7	6	5	한국문화예술위원회
9	11	7	6	5	한국문화예술위원회
9	11	7	6	5	한국문화예술위원회
9	11	7	6	5	한국문화예술위원회
9	11	7	6	5	
9	11	7	6	5	
9	11	7	6	5	
9	11	7	6	5	

순번	기관명	세부사업명	2018년 예산 (단위:천원)	민간이전 분류 : 지출세목별 1. 민간경상보조(320-01) 2. 민간위탁사업비(320-02) 3. 민간자본보조(320-07) 4. 법정민간대행사업비(320-08)	입찰방식 입찰방법 1. 일반입찰 2. 제한입찰 3. 지명입찰 4. 수의계약 5. 법정지정위탁 6. 고시/훈령/지침 지정위탁 7. 기타(내용기재) 8. 해당없음 9. 무응답
362	문화체육관광부	관광단체 및 연구지원 사업	206,000	1	9
363	문화체육관광부	관광산업종합채용박람회 개최 등 지원	700,000	1	9
364	문화체육관광부	호텔 아카데미 육성지원 등	428,000	1	9
365	문화체육관광부	관광통역안내사 교육	514,000	1	9
366	문화체육관광부	방과후스포츠프로그램 운영지원	29,972,000	1	9
367	문화체육관광부	대중문화예술인 종합지원 프로그램 운영	290,000	1	9
368	문화체육관광부	대한민국 대중문화예술상 선정 지원	250,000	1	9
369	문화체육관광부	대한민국예술산업 육성	1,493,000	1	9
370	문화체육관광부	우수뮤지션 홍보프로그램 제작 방영	200,000	1	9
371	문화체육관광부	k-pop해외쇼케이스개최 지원	1,100,000	1	9
372	문화체육관광부	대중음악 창작기반 강화	889,000	1	9
373	문화체육관광부	음악산업백서발간	100,000	1	9
374	문화체육관광부	씬디 티켓라운지 구축 지원	200,000	1	9
375	문화체육관광부	대중음악 우수프로젝트 제작 지원	868,000	1	9
376	문화체육관광부	찾아가는 라이브카 운영	50,000	1	9
377	문화체육관광부	음악창작소 프로그램 사업 지원	1,000,000	1	9
378	문화체육관광부	한국대중음악 공인차트 운영	200,000	1	9
379	문화체육관광부	한국음악데이터센터 구축 및 운영	100,000	1	9
380	문화체육관광부	홍대 앞 인디밴드 페스티벌	400,000	1	9
381	문화체육관광부	코리아스탭어워즈	200,000	1	9
382	문화체육관광부	저작권 교육 및 홍보	5,261,000	1	9
383	문화체육관광부	중소기업 저작권 서비스 지원	1,635,000	1	9
384	문화체육관광부	저작권 공정거래 환경조성	160,000	1	9
385	문화체육관광부	뉴스콘텐츠생산지원	990,000	1	9
386	문화체육관광부	지역문화협의체운영	170,000	1	9
387	문화체육관광부	저개발국 관광지도자 벤치마킹사업연수(ODA)	1,425,000	1	9
388	문화체육관광부	무예진흥원 설립 타당성 조사비	200,000	1	9
389	문화체육관광부	체육인교육센터 설립운영	300,000	1	9
390	문화체육관광부	올림픽스포츠콤플렉스 조성	27,372,000	3	9
391	문화체육관광부	미디어시장조사	270,000	1	9
392	문화체육관광부	잡지산업 기반구축	1,710,000	1	9
393	문화체육관광부	한국출판문화산업진흥원 지원	10,479,000	1	9
394	문화체육관광부	기획취재지원(지역신문)	645,000	1	9
395	문화체육관광부	지역신문 제안사업(지역민참여보도,공동체캠페인,창의주도형)	636,000	1	9
396	문화체육관광부	소외계층구독료지원	1,990,000	1	9
397	문화체육관광부	지역신문활용교육지원	1,120,000	1	9
398	문화체육관광부	미디어교육사업	665,000	1	9
399	문화체육관광부	읽기문화진흥사업	2,697,000	1	9
400	문화체육관광부	신문윤리심의사업	1,780,000	1	9
401	문화체육관광부	아시아문화원 운영 지원	7,187,000	1	9
402	문화체육관광부	교육(인력양성 및 어린이문화원)	6,130,000	1	9
403	문화체육관광부	전시·공연·창제작	15,517,000	1	9
404	문화체육관광부	교류협력 및 조사연구	4,049,000	1	9
405	문화체육관광부	민주평화교류원 기념관 복원	600,000	1	9
406	문화체육관광부	산업관광 기반조성	70,000	1	9
407	문화체육관광부	산업관광 전략적거점 육성(민간경상보조)	440,000	1	9
408	문화체육관광부	도시관광 활성화(지자체 시티투어 지원, 민간경상보조)	200,000	1	9
409	문화체육관광부	학교체육활성화	11,505,000	1	9
410	문화체육관광부	학교,직장운동경기부 활성화	15,066,000	1	9
411	문화체육관광부	심판양성 및 지원	5,161,000	1	9
412	문화체육관광부	전문 인력 양성	9,064,000	1	9
413	문화체육관광부	문화예술 취약분야 육성	11,961,000	1	9
414	문화체육관광부	기타 체육문화예술의 진흥	10,992,000	1	9
415	문화체육관광부	대한민국 스포츠인 역사보존	870,000	1	9

계약기간	낙찰자 선정방법	운영 예산 산정		성과평가 실시여부	지출대상 단체 (민간)
		원가산정	정산방법		
1. 1년 2. 2년 3. 3년 4. 4년 5. 5년 6. 기타 ( )년 7. 단기계약 (1년 미만) 8. 해당없음 9. 무응답	1. 적격심사낙찰제 2. 협상에 의한 계약 3. 최저가낙찰제 4. 2단계입찰 5. 규격,가격 분리 동시 입찰 6. (수의계약)법,고시 위탁계약 7. (수의계약)법,고시 대행협약 8. 수의계약 9. 기타(내용기재) 10. 해당없음 11. 무응답	1. 내부산정 2. 외부산정 3. 내·외부 모두산정 4. 규정에 운영예산 명시 5. 산정 無 6. 해당없음 7. 무응답	1. 내부정산 2. 외부정산 3. 내·외부 모두정산 4. 정산 無 5. 해당없음 6. 무응답	1. 실시 2. 미실시 3. 향후추진 4. 해당없음 5. 무응답	업체명
9	11	7	6	5	
9	11	7	6	5	
9	11	7	6	5	
9	11	7	6	5	
9	11	7	6	5	
9	11	7	6	5	
9	11	7	6	5	
9	11	7	6	5	
9	11	7	6	5	
9	11	7	6	5	
9	11	7	6	5	
9	11	7	6	5	
9	11	7	6	5	
9	11	7	6	5	
9	11	7	6	5	
9	11	7	6	5	
9	11	7	6	5	
9	11	7	6	5	
9	11	7	6	5	
9	11	7	6	5	한국문화예술위원회
9	11	7	6	5	
9	11	7	6	5	
9	11	7	6	5	
9	11	7	6	5	한국언론진흥재단
9	11	7	6	5	(사)한국잡지협회
9	11	7	6	5	
9	11	7	6	5	
9	11	7	6	5	
9	11	7	6	5	
9	11	7	6	5	한국언론진흥재단
9	11	7	6	5	
9	11	7	6	5	
9	11	7	6	5	
9	11	7	6	5	
9	11	7	6	5	
9	11	7	6	5	
9	11	7	6	5	
9	11	7	6	5	
9	11	7	6	5	
9	11	7	6	5	
9	11	7	6	5	
9	11	7	6	5	

순번	기관명	세부사업명	2018년 예산 (단위:천원)	민간이전 분류 : 지출세목별 1. 민간경상보조(320-01) 2. 민간위탁사업비(320-02) 3. 민간자본보조(320-07) 4. 법정민간대행사업비(320-08)	입찰방식 입찰방법 1. 일반입찰 2. 제한입찰 3. 지명입찰 4. 수의계약 5. 법정지정위탁 6. 고시/훈령/지침 지정위탁 7. 기타(내용기재) 8. 해당없음 9. 무응답
416	문화체육관광부	국립체육박물관 건립	3,788,000	3	9
417	문화체육관광부	체육분야 현장 전문가 교육	259,000	1	9
418	문화체육관광부	체육인재육성단 기관운영	1,245,000	1	9
419	문화체육관광부	주최단체 지원	127,409,000	1	9
420	문화체육관광부	대한장애인체육회 운영비 지원	5,513,000	1	9
421	문화체육관광부	장애인종합체육시설 운영 및 건립 지원	4,161,000	1	9
422	문화체육관광부	장애인생활체육 지원	5,108,000	1	9
423	문화체육관광부	장애인전문체육 지원	15,295,000	1	9
424	문화체육관광부	장애인국제체육 지원	18,798,000	1	9
425	문화체육관광부	장애인체육법인단체 지원	3,674,000	1	9
426	문화체육관광부	10.27 법난 기념행사 지원	200,000	1	9
427	문화체육관광부	문화예술 관련 프로그램 지원	6,615,000	1	9
428	문화체육관광부	국립오페라단, 발레단 대규모 공연 제작	2,030,000	1	9
429	문화체육관광부	전통예술해외아트마켓참가및해외진출지원(예술경영지원센터)	950,000	1	9
430	문화체육관광부	전통공연계기성행사지원(전통공연예술진흥재단)	500,000	1	9
431	문화체육관광부	서울아트마켓개최및운영(예술경영지원센터)	500,000	1	9
432	문화체육관광부	공연예술전략적해외진출지원(예술경영지원센터)	1,000,000	1	9
433	문화체육관광부	Arko-Pams협력지원	500,000	1	9
434	문화체육관광부	공연예술해외진출기반마련(예술경영지원센터)	200,000	1	9
435	문화체육관광부	세계무형문화유산 활용 공연사업	838,000	1	9
436	문화체육관광부	세계무형문화유산활용 행사공모 및 상설공연	790,000	1	9
437	문화체육관광부	문화공간활용전통공연사업	1,400,000	1	9
438	문화체육관광부	경주지역브랜드상설공연	1,200,000	1	9
439	문화체육관광부	전주지역브랜드상설공연	600,000	1	9
440	문화체육관광부	전통예술지역브랜드상설공연(일반공모)	300,000	1	9
441	문화체육관광부	한국민속예술축제(민간)	548,000	1	9
442	문화체육관광부	전국풍물상설공연지원	400,000	1	9
443	문화체육관광부	전통예술복원및재현	400,000	1	9
444	문화체육관광부	전통연희활성화	866,000	1	9
445	문화체육관광부	신진국악실험무대	300,000	1	9
446	문화체육관광부	국악창작곡개발	200,000	1	9
447	문화체육관광부	전통예술산업콘텐츠개발	100,000	1	9
448	문화체육관광부	지역명소활용공연지원	700,000	1	9
449	문화체육관광부	도서관 다문화 서비스 활성화 지원	60,000	1	9
450	문화체육관광부	한국도서관협회 지원	140,000	1	9
451	문화체육관광부	도서관 대활자본 제작 보급	300,000	1	9
452	문화체육관광부	박물관 운영 활성화	4,087,000	1	9
453	문화체육관광부	공사립박물관 소장 국가문화유산 DB구축	1,537,000	1	9
454	문화체육관광부	전국체전 지원	2,298,000	1	9
455	문화체육관광부	전국소년체전 지원	4,742,000	1	9
456	문화체육관광부	2018평창동계장애인올림픽 운영비 적립금	19,300,000	1	9
457	문화체육관광부	평창동계올림픽 대회기반 조성 지원	19,570,000	1	9
458	문화체육관광부	올림픽코리아하우스 운영	4,300,000	1	9
459	문화체육관광부	개도국선수 합동 훈련과정	623,000	1	9
460	문화체육관광부	개도국 스포츠 지도자 교육과정	1,425,000	1	9
461	문화체육관광부	개도국 스포츠행정가 교육과정	2,227,000	1	9
462	문화체육관광부	스포츠 동반자프로그램(ODA)	801,000	1	9
463	문화체육관광부	원불교 역사문화관 기념관 건립	1,380,000	3	9
464	문화체육관광부	10.27법난기념관 건립 지원	25,482,000	3	9
465	문화체육관광부	예술의 산업적 기반 조성	2,040,000	1	9
466	문화체육관광부	예술상품 유통채널 다각화 지원	859,000	1	9
467	문화체육관광부	예술분야 투자 활성화 지원	140,000	1	9
468	문화체육관광부	미얀마 문화예술활용역량강화지원	690,000	1	9
469	문화체육관광부	핵심관광지 육성	10,351,000	1	9

계약기간	낙찰자 선정방법	운영 예산 산정		성과평가 실시여부	지출대상 단체 (민간)
		원가산정	정산방법		업체명
1. 1년 2. 2년 3. 3년 4. 4년 5. 5년 6. 기타 ( )년 7. 단기계약 (1년 미만) 8. 해당없음 9. 무응답	1. 적격심사낙찰제 2. 협상에 의한 계약 3. 최저가낙찰제 4. 2단계입찰 5. 규격,가격 분리 동시 입찰 6. (수의계약)법,고시 위탁계약 7. (수의계약)법,고시 대행협약 8. 수의계약 9. 기타(내용기재) 10. 해당없음 11. 무응답	1. 내부산정 2. 외부산정 3. 내·외부 모두산정 4. 규정에 운영예산 명시 5. 산정 無 6. 해당없음 7. 무응답	1. 내부정산 2. 외부정산 3. 내·외부 모두정산 4. 정산 無 5. 해당없음 6. 무응답	1. 실시 2. 미실시 3. 향후추진 4. 해당없음 5. 무응답	
9	11	7	6	5	
9	11	7	6	5	
9	11	7	6	5	
9	11	7	6	5	
9	11	7	6	5	
9	11	7	6	5	
9	11	7	6	5	
9	11	7	6	5	
9	11	7	6	5	
9	11	7	6	5	
9	11	7	6	5	
9	11	7	6	5	
9	11	7	6	5	
9	11	7	6	5	
9	11	7	6	5	
9	11	7	6	5	한국문화예술위원회
9	11	7	6	5	한국문화예술위원회
9	11	7	6	5	한국문화예술위원회
9	11	7	6	5	
9	11	7	6	5	한국문화예술위원회
9	11	7	6	5	
9	11	7	6	5	
9	11	7	6	5	
9	11	7	6	5	
9	11	7	6	5	
9	11	7	6	5	한국문화예술위원회
9	11	7	6	5	
9	11	7	6	5	
9	11	7	6	5	
9	11	7	6	5	
9	11	7	6	5	
9	11	7	6	5	
9	11	7	6	5	
9	11	7	6	5	
9	11	7	6	5	
9	11	7	6	5	
9	11	7	6	5	
9	11	7	6	5	
9	11	7	6	5	
9	11	7	6	5	

순번	기관명	세부사업명	2018년 예산 (단위:천원)	민간이전 분류 : 지출세목별 1. 민간경상보조(320-01) 2. 민간위탁사업비(320-02) 3. 민간자본보조(320-07) 4. 법정민간대행사업비(320-08)	입찰방식 입찰방법 1. 일반입찰 2. 제한입찰 3. 지명입찰 4. 수의계약 5. 법정지정위탁 6. 고시/훈령/지침 지정위탁 7. 기타(내용기재) 8. 해당없음 9. 무응답
470	문화체육관광부	대한체육회 사업비 지원(회관관리비)	1,531,000	1	9
471	문화체육관광부	대한체육회 운영 지원(인건비)	12,637,000	1	9
472	문화체육관광부	대한체육회 운영 지원(기관운영비)	2,257,000	1	9
473	문화체육관광부	종목별 국제대회 개최지원	3,573,000	1	9
474	문화체육관광부	2018창원세계사격선수권대회 지원	1,050,000	1	9
475	문화체육관광부	국제대회 유치, 개최 역량 강화	700,000	1	9
476	문화체육관광부	2019광주세계수영선수권대회 지원	11,400,000	1	9
477	문화체육관광부	2019충주세계무예마스터십대회 지원	500,000	1	9
478	문화체육관광부	세계무예마스터십위원회 지원	500,000	1	9
479	문화체육관광부	지역스포츠 과학거점 운영	4,046,000	1	9
480	문화체육관광부	조계종 불교문화행사	980,000	1	9
481	문화체육관광부	천태문화행사	900,000	1	9
482	문화체육관광부	한국불교문화홍보프로그램 운영	165,000	1	9
483	문화체육관광부	한일불교문화교류	40,500	1	9
484	문화체육관광부	민족종교(겨레얼) 종교문화활동 지원	967,000	1	9
485	문화체육관광부	청소년 마음등불	208,000	1	9
486	문화체육관광부	청소년 인성교육(불교)	258,100	1	9
487	문화체육관광부	대한불교진각종 문화행사	35,000	1	9
488	문화체육관광부	대한불교관음종 문화행사	40,000	1	9
489	문화체육관광부	한국불교태고종 문화행사	50,000	1	9
490	문화체육관광부	불교문화행사 지원(기타단체)	408,000	1	9
491	문화체육관광부	연등축제 활성화 지원	1,060,000	1	9
492	문화체육관광부	서울국제불교박람회	200,000	1	9
493	문화체육관광부	사회적 나눔 사업(개신교,천주교)	508,000	1	9
494	문화체육관광부	청소년 인성교육 사업(개신교,천주교)	498,000	1	9
495	문화체육관광부	종교문화활동지원(개신교,천주교)	252,000	1	9
496	문화체육관광부	선교사 활동 지원	231,000	1	9
497	문화체육관광부	세계 평화의 바람	270,000	1	9
498	문화체육관광부	원불교 종교문화활동 지원	708,000	1	9
499	문화체육관광부	천도교 종교문화활동 지원	1,232,000	1	9
500	문화체육관광부	유교 종교문화활동 지원	1,565,000	1	9
501	문화체육관광부	답게 살겠습니다 운동 사업	450,000	1	9
502	문화체육관광부	이웃종교 화합대회	450,000	1	9
503	문화체육관광부	종교와 평화 발간	45,000	1	9
504	문화체육관광부	남북 종교지도자 교류	35,000	1	9
505	문화체육관광부	아시아종교청년 평화캠프	80,000	1	9
506	문화체육관광부	종교지도자 해외성지순례	108,000	1	9
507	문화체육관광부	한-중, 한-일 종교지도자 교류	20,000	1	9
508	문화체육관광부	영문저널 발간	36,000	1	9
509	문화체육관광부	한-이슬람 종교간 대화 세미나	85,000	1	9
510	문화체육관광부	동북아 국제세미나	55,000	1	9
511	문화체육관광부	아시아종교인평화회의 집행분담금 지원	25,000	1	9
512	문화체육관광부	대한민국종교문화축제	216,000	1	9
513	문화체육관광부	사랑과 나눔의 김장담그기	36,000	1	9
514	문화체육관광부	한국종교연합 평화포럼	27,000	1	9
515	문화체육관광부	청소년 인성교육 프로그램 개발	65,000	1	9
516	문화체육관광부	다문화가정 청소년과 함께하는 종교문화캠프	23,000	1	9
517	문화체육관광부	세계청년 종교문화캠프	32,000	1	9
518	문화체육관광부	종교청년 평화캠프	30,000	1	9
519	문화체육관광부	종교청년 평화학교	60,000	1	9
520	문화체육관광부	광주 전남 다문화 가정 초청 사업	45,000	1	9
521	문화체육관광부	다문화가정과 함께하는 종교문화캠프	54,000	1	9
522	문화체육관광부	한-미얀마 함께 하는 세상 만들기	40,000	1	9
523	문화체육관광부	전통사찰 전수조사 및 중요기록물 조사	1,000,000	1	9

| 계약기간 | 낙찰자 선정방법 | 운영 예산 산정 | | 성과평가 실시여부 | 지출대상 단체 (민간) |
| | | 원가산정 | 정산방법 | | |
1. 1년 2. 2년 3. 3년 4. 4년 5. 5년 6. 기타 ( )년 7. 단기계약 (1년 미만) 8. 해당없음 9. 무응답	1. 적격심사낙찰제 2. 협상에 의한 계약 3. 최저가낙찰제 4. 2단계입찰 5. 규격,가격 분리 동시 입찰 6. (수의계약)법,고시 위탁계약 7. (수의계약)법,고시 대행협약 8. 수의계약 9. 기타(내용기재) 10. 해당없음 11. 무응답	1. 내부산정 2. 외부산정 3. 내·외부 모두산정 4. 규정에 운영예산 명시 5. 산정 無 6. 해당없음 7. 무응답	1. 내부정산 2. 외부정산 3. 내·외부 모두정산 4. 정산 無 5. 해당없음 6. 무응답	1. 실시 2. 미실시 3. 향후추진 4. 해당없음 5. 무응답	업체명
9	11	7	6	5	
9	11	7	6	5	
9	11	7	6	5	
9	11	7	6	5	
9	11	7	6	5	
9	11	7	6	5	
9	11	7	6	5	
9	11	7	6	5	
9	11	7	6	5	
9	11	7	6	5	
9	11	7	6	5	
9	11	7	6	5	
9	11	7	6	5	
9	11	7	6	5	
9	11	7	6	5	
9	11	7	6	5	
9	11	7	6	5	
9	11	7	6	5	
9	11	7	6	5	
9	11	7	6	5	
9	11	7	6	5	
9	11	7	6	5	
9	11	7	6	5	
9	11	7	6	5	
9	11	7	6	5	
9	11	7	6	5	
9	11	7	6	5	
9	11	7	6	5	
9	11	7	6	5	
9	11	7	6	5	
9	11	7	6	5	
9	11	7	6	5	
9	11	7	6	5	
9	11	7	6	5	
9	11	7	6	5	
9	11	7	6	5	
9	11	7	6	5	
9	11	7	6	5	
9	11	7	6	5	
9	11	7	6	5	
9	11	7	6	5	
9	11	7	6	5	
9	11	7	6	5	

순번	기관명	세부사업명	2018년 예산 (단위:천원)	민간이전 분류 : 지출세목별 1. 민간경상보조(320-01) 2. 민간위탁사업비(320-02) 3. 민간자본보조(320-07) 4. 법정민간대행사업비(320-08)	입찰방식 입찰방법 1. 일반입찰 2. 제한입찰 3. 지명입찰 4. 수의계약 5. 법정지정위탁 6. 고시/훈령/지침 지정위탁 7. 기타(내용기재) 8. 해당없음 9. 무응답
524	문화체육관광부	한국 유경정본화 DB 및 활용시스템 구축	270,000	1	9
525	문화체육관광부	불교기록문화유산 아카이브 구축	2,000,000	1	9
526	문화체육관광부	가산불교대사림 편찬 지원	700,000	1	9
527	문화체육관광부	불교 전통문화 발굴 및 전승	540,000	1	9
528	문화체육관광부	한국밀교문화총람 편찬	450,000	1	9
529	문화체육관광부	민족종교 사전편찬	90,000	1	9
530	문화체육관광부	한국천주교 사료 목록화 사업	400,000	1	9
531	문화체육관광부	해외현지 마케팅 활성화	4,600,000	1	9
532	문화체육관광부	중소콘텐츠기업 수출경쟁력 강화	2,303,000	1	9
533	문화체육관광부	신흥시장 개척지원	3,460,000	1	9
534	문화체육관광부	해외진출 유공자 포상	70,000	1	9
535	문화체육관광부	문화콘텐츠 글로벌 협력채널 확대	484,000	1	9
536	문화체육관광부	애니메이션 해외전시마켓 참가지원	927,000	1	9
537	문화체육관광부	아시아 애니메이션 공동마켓 활성화 지원	220,000	1	9
538	문화체육관광부	캐릭터 해외진출 지원	861,000	1	9
539	문화체육관광부	국제영상물 교류프로그램	100,000	1	9
540	문화체육관광부	쌍방향 문화교류행사 개최	694,000	1	9
541	문화체육관광부	한류커뮤니티 지원	160,000	1	9
542	문화체육관광부	한류문화정보시스템 구축	100,000	1	9
543	문화체육관광부	한류동향분석보고서 발간	585,000	1	9
544	문화체육관광부	한류 네트워크 조성 및 학술 지원	111,000	1	9
545	문화체육관광부	한국문화산업교류재단 운영(인건비)	447,000	1	9
546	문화체육관광부	한국문화산업교류재단 운영(관리운영비)	132,000	1	9
547	문화체육관광부	만화해외수출 및 국내외 마케팅지원	1,507,000	1	9
548	문화체육관광부	한류융복합 협력 프로젝트(해외기반구축)	350,000	1	9
549	문화체육관광부	한국패션문화 해외진출지원	3,650,000	1	9
550	문화체육관광부	이야기산업 해외진출 및 마케팅 지원	300,000	1	9
551	문화체육관광부	아시아모델페스티벌	40,000	1	9
552	문화체육관광부	차세대 영화기술 인력양성	1,200,000	1	9
553	문화체육관광부	선도형 핵심인재 양성	1,600,000	1	9
554	문화체육관광부	콘텐츠 원캠퍼스 구축	950,000	1	9
555	문화체육관광부	산업현장 맞춤형 인재양성	7,500,000	1	9
556	문화체육관광부	청소년 창의능력 개발	580,000	1	9
557	문화체육관광부	콘텐츠 인재캠퍼스 인프라 운영	2,102,000	1	9
558	문화체육관광부	콘텐츠분야 기업육성 지원	44,452,280	1	9
559	문화체육관광부	지역특화콘텐츠개발지원	9,100,000	1	9
560	문화체육관광부	콘텐츠라키비움 조성	1,000,000	1	9
561	문화체육관광부	지역영상미디어센터 활성화 지원	160,000	1	9
562	문화체육관광부	우수영상물 다국어자막 DVD 제작 및 배포	120,000	1	9
563	문화체육관광부	우수영상물 외국어자막 상영 지원	140,000	1	9
564	문화체육관광부	국산애니메이션 창작기반 및 인프라지원	10,325,000	1	9
565	문화체육관광부	애니메이션 프로모션 지원	945,000	1	9
566	문화체육관광부	학생·독립 애니메이션 창작 및 유통 지원	417,000	1	9
567	문화체육관광부	국산애니메이션 기초역량강화 지원	165,000	1	9
568	문화체육관광부	캐릭터산업 육성	8,412,000	1	9
569	문화체육관광부	아시아 다큐멘터리 프로젝트 마켓 지원	280,000	1	9
570	문화체육관광부	실버 문화페스티벌 운영	850,000	1	9
571	문화체육관광부	만화콘텐츠창작기반조성	6,390,000	1	9
572	문화체육관광부	실버문화방송콘텐츠 제작지원	1,350,000	1	9
573	문화체육관광부	만화산업백서 발간사업	290,000	1	9
574	문화체육관광부	만화창조인력양성지원	593,000	1	9
575	문화체육관광부	웹툰 창작체험관 구축 운영	1,800,000	1	9
576	문화체육관광부	우수만화콘텐츠 발굴지원	110,000	1	9
577	문화체육관광부	이야기산업활성화	5,821,000	1	9

계약기간	낙찰자 선정방법	운영 예산 산정		성과평가 실시여부	지출대상 단체 (민간)
		원가산정	정산방법		
1. 1년 2. 2년 3. 3년 4. 4년 5. 5년 6. 기타 ( )년 7. 단기계약 　(1년 미만) 8. 해당없음 9. 무응답	1. 적격심사낙찰제 2. 협상에 의한 계약 3. 최저가낙찰제 4. 2단계입찰 5. 규격,가격 분리 동시 입찰 6. (수의계약)법,고시 위탁계약 7. (수의계약)법,고시 대행협약 8. 수의계약 9. 기타(내용기재) 10. 해당없음 11. 무응답	1. 내부산정 2. 외부산정 3. 내·외부 모두산정 4. 규정에 운영예산 명시 5. 산정 無 6. 해당없음 7. 무응답	1. 내부정산 2. 외부정산 3. 내·외부 모두산정 4. 정산 無 5. 해당없음 6. 무응답	1. 실시 2. 미실시 3. 향후추진 4. 해당없음 5. 무응답	업체명
9	11	7	6	5	
9	11	7	6	5	
9	11	7	6	5	
9	11	7	6	5	
9	11	7	6	5	
9	11	7	6	5	
9	11	7	6	5	
9	11	7	6	5	
9	11	7	6	5	
9	11	7	6	5	
9	11	7	6	5	
9	11	7	6	5	
9	11	7	6	5	
9	11	7	6	5	
9	11	7	6	5	
9	11	7	6	5	
9	11	7	6	5	
9	11	7	6	5	
9	11	7	6	5	
9	11	7	6	5	
9	11	7	6	5	
9	11	7	6	5	
9	11	7	6	5	
9	11	7	6	5	
9	11	7	6	5	
9	11	7	6	5	
9	11	7	6	5	
9	11	7	6	5	
9	11	7	6	5	
9	11	7	6	5	
9	11	7	6	5	
9	11	7	6	5	
9	11	7	6	5	
9	11	7	6	5	
9	11	7	6	5	
9	11	7	6	5	
9	11	7	6	5	
9	11	7	6	5	
9	11	7	6	5	
9	11	7	6	5	
9	11	7	6	5	
9	11	7	6	5	
9	11	7	6	5	
9	11	7	6	5	
9	11	7	6	5	
9	11	7	6	5	
9	11	7	6	5	
9	11	7	6	5	

순번	기관명	세부사업명	2018년 예산 (단위:천원)	민간이전 분류 : 지출세목별 1. 민간경상보조(320-01) 2. 민간위탁사업비(320-02) 3. 민간자본보조(320-07) 4. 법정민간대행사업비(320-08)	입찰방식 입찰방법 1. 일반입찰 2. 제한입찰 3. 지명입찰 4. 수의계약 5. 법정지정위탁 6. 고시/훈령/지침 지정위탁 7. 기타(내용기재) 8. 해당없음 9. 무응답
578	문화체육관광부	이야기산업활성화 현안연구	200,000	1	9
579	문화체육관광부	패션문화마켓 개최지원	1,482,000	1	9
580	문화체육관광부	창의브랜드 육성지원	1,000,000	1	9
581	문화체육관광부	국내외거점 한류융합 패션쇼 지원	570,000	1	9
582	문화체육관광부	콘텐츠분쟁조정위원회 운영	737,000	1	9
583	문화체육관광부	재한 유학생 네트워크 구축사업	475,000	1	9
584	문화체육관광부	VR콘텐츠 제작지원	8,186,500	1	9
585	문화체육관광부	VR콘텐츠 인프라구축	2,600,000	1	9
586	문화체육관광부	VR콘텐츠 활성화	1,100,000	1	9
587	문화체육관광부	시나리오마켓 운영 지원(창작지원금)	205,000	1	9
588	문화체육관광부	한국영화 기획개발지원	850,000	1	9
589	문화체육관광부	독립영화 제작지원	1,110,000	1	9
590	문화체육관광부	한국영화 적립식 지원	1,230,000	1	9
591	문화체육관광부	예술영화 제작지원	1,490,000	1	9
592	문화체육관광부	저예산영화 제작지원	2,660,000	1	9
593	문화체육관광부	애니메이션 종합지원(기획개발지원)	320,000	1	9
594	문화체육관광부	애니메이션 종합지원(제작지원)	1,700,000	1	9
595	문화체육관광부	영화현장응급의료지원	144,000	1	9
596	문화체육관광부	국제공동제작 인센티브지원	764,000	1	9
597	문화체육관광부	예술영화전용관지원	1,320,000	1	9
598	문화체육관광부	시네마테크전용관 운영	420,000	1	9
599	문화체육관광부	독립영화전용관 지원	909,000	1	9
600	문화체육관광부	국제영화제기반사업(국제영화제참가활동지원)	130,000	1	9
601	문화체육관광부	해외세일즈지원(필름마켓 참가지원)	350,000	1	9
602	문화체육관광부	해외세일즈지원(해외배급선재물제작지원)	200,000	1	9
603	문화체육관광부	국내영화제 지원	422,000	1	9
604	문화체육관광부	독립영화제 개최 지원	112,000	1	9
605	문화체육관광부	국제영화제 육성	4,000,000	1	9
606	문화체육관광부	영화촬영지정보네트워크구축(해외영화 국내촬영 유치지원)	225,000	1	9
607	문화체육관광부	저예산영화 개봉지원	650,000	1	9
608	문화체육관광부	임정영화제 지원	200,000	1	9
609	문화체육관광부	유공영화인 지원	100,000	1	9
610	문화체육관광부	장애인영화제 지원	80,000	1	9
611	문화체육관광부	한국영화 한글자막 및 화면해설 상영사업	712,000	1	9
612	문화체육관광부	장애인관람환경개선 실태조사	59,000	1	9
613	문화체육관광부	지역영화 기획개발 및 제작지원	400,000	1	9
614	문화체육관광부	찾아가는 영화관 운영지원	360,000	1	9
615	문화체육관광부	사이버 방송영상아카데미	198,000	1	9
616	문화체육관광부	수출용 방송콘텐츠 재제작 지원	1,000,000	1	9
617	문화체육관광부	독립제작사 제작인프라 지원	4,117,000	3	9
618	문화체육관광부	방송콘텐츠 해외배급지원	840,000	1	9
619	문화체육관광부	국제방송영상견본시 참가지원	1,350,000	1	9
620	문화체육관광부	국제방송영상견본시 개최지원	746,000	1	9
621	문화체육관광부	국제방송문화교류지원	1,520,000	1	9
622	문화체육관광부	방송영상콘텐츠 제작지원	4,200,000	1	9
623	문화체육관광부	해외방송인 교육	300,000	1	9
624	문화체육관광부	서울드라마어워즈 개최지원	360,000	1	9
625	문화체육관광부	방송콘텐츠 비즈매칭	300,000	1	9
626	문화체육관광부	방송영상콘텐츠 창작기반 구축	235,000	1	9
627	문화체육관광부	뉴미디어 방송영상콘텐츠 제작지원	2,159,000	1	9
628	문화체육관광부	방송영상콘텐츠 포맷 육성지원	1,720,000	1	9
629	문화체육관광부	스튜디오큐브(수상해양복합촬영장)	528,000	3	9
630	문화체육관광부	인쇄문화산업육성	953,000	1	9
631	문화체육관광부	전자출판산업 육성	2,756,000	1	9

계약기간	낙찰자 선정방법	운영 예산 산정		성과평가 실시여부	지출대상 단체 (민간)
		원가산정	정산방법		업체명
1. 1년 2. 2년 3. 3년 4. 4년 5. 5년 6. 기타 ( )년 7. 단기계약 (1년 미만) 8. 해당없음 9. 무응답	1. 적격심사낙찰제 2. 협상에 의한 계약 3. 최저가낙찰제 4. 2단계입찰 5. 규격,가격 분리 동시 입찰 6. (수의계약)법,고시 위탁계약 7. (수의계약)법,고시 대행협약 8. 수의계약 9. 기타(내용기재) 10. 해당없음 11. 무응답	1. 내부산정 2. 외부산정 3. 내·외부 모두산정 4. 규정에 운영예산 명시 5. 산정 無 6. 해당없음 7. 무응답	1. 내부정산 2. 외부정산 3. 내·외부 모두정산 4. 정산 無 5. 해당없음 6. 무응답	1. 실시 2. 미실시 3. 향후추진 4. 해당없음 5. 무응답	
9	11	7	6	5	
9	11	7	6	5	
9	11	7	6	5	
9	11	7	6	5	
9	11	7	6	5	
9	11	7	6	5	
9	11	7	6	5	
9	11	7	6	5	
9	11	7	6	5	
9	11	7	6	5	영화진흥위원회
9	11	7	6	5	영화진흥위원회
9	11	7	6	5	영화진흥위원회
9	11	7	6	5	영화진흥위원회
9	11	7	6	5	영화진흥위원회
9	11	7	6	5	영화진흥위원회
9	11	7	6	5	영화진흥위원회
9	11	7	6	5	영화진흥위원회
9	11	7	6	5	영화진흥위원회
9	11	7	6	5	
9	11	7	6	5	
9	11	7	6	5	
9	11	7	6	5	
9	11	7	6	5	영화진흥위원회
9	11	7	6	5	
9	11	7	6	5	
9	11	7	6	5	영화진흥위원회
9	11	7	6	5	
9	11	7	6	5	
9	11	7	6	5	
9	11	7	6	5	
9	11	7	6	5	영화진흥위원회
9	11	7	6	5	영화진흥위원회
9	11	7	6	5	
9	11	7	6	5	
9	11	7	6	5	
9	11	7	6	5	
9	11	7	6	5	
9	11	7	6	5	
9	11	7	6	5	한국콘텐츠진흥원
9	11	7	6	5	
9	11	7	6	5	
9	11	7	6	5	한국콘텐츠진흥원
9	11	7	6	5	
9	11	7	6	5	
9	11	7	6	5	

순번	기관명	세부사업명	2018년 예산 (단위:천원)	민간이전 분류 : 지출세목별 1. 민간경상보조(320-01) 2. 민간위탁사업비(320-02) 3. 민간자본보조(320-07) 4. 법정민간대행사업비(320-08)	입찰방식 입찰방법 1. 일반입찰 2. 제한입찰 3. 지명입찰 4. 수의계약 5. 법정지정위탁 6. 고시/훈령/지침 지정위탁 7. 기타(내용기재) 8. 해당없음 9. 무응답
632	문화체육관광부	출판인프라 구축지원	1,000,000	1	9
633	문화체육관광부	출판콘텐츠 국제교류	2,826,000	1	9
634	문화체육관광부	출판물류 기반구축	723,000	1	9
635	문화체육관광부	와우북페스티벌 개최	70,000	1	9
636	문화체육관광부	지역출판산업 육성	200,000	1	9
637	문화체육관광부	세종도서 선정구입 지원	14,204,000	1	9
638	문화체육관광부	출판콘텐츠 생태계 강화 프로젝트 -책의해	2,000,000	1	9
639	문화체육관광부	출판유통합시스템구축	2,000,000	1	9
640	문화체육관광부	파주출판단지 세계문화클러스터 육성	700,000	1	9
641	문화체육관광부	여가친화기업 선정 지원	1,080,000	1	9
642	문화체육관광부	무지개다리 사업	25,840,000	1	9
643	문화체육관광부	문화다양성 교육	1,200,000	1	9
644	문화체육관광부	양성평등 문화환경 조성	90,000	1	9
645	문화체육관광부	문화다양성 공감대 형성	1,000,000	1	9
646	문화체육관광부	문화가 있는 날 종합안내센터 운영	2,000,000	1	9
647	문화체육관광부	문화가 있는 날 기획프로그램 운영지원	153,390,000	1	9
648	문화체육관광부	한글문화큰잔치 및 한글 단체 지원	308,000	1	9
649	문화체육관광부	범국민 언어문화개선운동 사업 지원	781,000	1	9
650	문화체육관광부	세종대왕전통예술경연대회 개최 지원	300,000	1	9
651	문화체육관광부	한글산업화 국제공모전 개최	300,000	1	9
652	문화체육관광부	국어문화원 지원	500,000	1	9
653	문화체육관광부	특수언어 진흥 기반 조성	150,000	1	9
654	문화체육관광부	세종학당재단 운영 지원	3,061,000	1	9
655	문화체육관광부	세종학당 운영 지원	19,003,000	1	9
656	문화체육관광부	세종대왕 즉위 600돌 기념 무용공연	300,000	1	9
657	문화체육관광부	지역문화전문인력 양성·배치	1,528,000	1	9
658	문화체육관광부	지역문화재단 역량 강화	300,000	1	9
659	문화체육관광부	생활문화 활성화	1,150,000	1	9
660	문화체육관광부	한국문화원연합회 사업활동 지원	1,716,000	1	9
661	문화체육관광부	문화적 도시재생	400,000	1	9
662	문화체육관광부	문화도시 지정 및 평가관리 지원	100,000	1	9
663	문화체육관광부	지역문화교류 활성화	200,000	1	9
664	문화체육관광부	지역문화활동가 지원	500,000	1	9
665	문화체육관광부	전통서당문화 활성화 지원	900,000	1	9
666	문화체육관광부	전통문화 인성교육	450,000	1	9
667	문화체육관광부	전통 놀이문화 조성 및 확산	284,000	1	9
668	문화체육관광부	전통생활문화 관련 문화행사 지원	150,000	1	9
669	문화체육관광부	풍석 학술진흥 연구	700,000	1	9
670	문화체육관광부	한지 활용 외규장각 의궤 반차도 재현	200,000	1	9
671	문화체육관광부	수교계기 행사 등 문화교류	2,111,730	1	9
672	문화체육관광부	한국문화예술위원회 예술자료원 운영	2,863,000	1	9
673	문화체육관광부	한국문화예술교육진흥원 지원	6,496,000	1	9
674	문화체육관광부	국악방송 지원	78,720,000	1	9
675	문화체육관광부	국립발레단 운영	8,678,000	1	9
676	문화체육관광부	한국문화예술위원회 아르코·대학로예술극장 지원	2,159,000	1	9
677	문화체육관광부	국립현대무용단 운영	3,828,000	1	9
678	문화체육관광부	국립예술단 공연 연습장관리	1,069,000	1	9
679	문화체육관광부	공예디자인진흥원 지원	5,654,000	1	9
680	문화체육관광부	서울예술단 운영	5,858,000	1	9
681	문화체육관광부	정동극장 지원	4,915,000	1	9
682	문화체육관광부	국립극단 운영	9,061,000	1	9
683	문화체육관광부	국립오페라단 운영	7,728,000	1	9
684	문화체육관광부	국립합창단 운영	45,020,000	1	9
685	문화체육관광부	예술의전당 상주교향악단 운영	36,880,000	1	9

계약기간	낙찰자 선정방법	운영 예산 산정		성과평가 실시여부	지출대상 단체 (민간)
		원가산정	정산방법		
1. 1년 2. 2년 3. 3년 4. 4년 5. 5년 6. 기타 ( )년 7. 단기계약 (1년 미만) 8. 해당없음 9. 무응답	1. 적격심사낙찰제 2. 협상에 의한 계약 3. 최저가낙찰제 4. 2단계입찰 5. 규격,가격 분리 동시 입찰 6. (수의계약)법, 고시 위탁계약 7. (수의계약)법, 고시 대행협약 8. 수의계약 9. 기타(내용기재) 10. 해당없음 11. 무응답	1. 내부산정 2. 외부산정 3. 내·외부 모두산정 4. 규정에 운영예산 명시 5. 산정 無 6. 해당없음 7. 무응답	1. 내부정산 2. 외부정산 3. 내·외부 모두산정 4. 정산 無 5. 해당없음 6. 무응답	1. 실시 2. 미실시 3. 향후추진 4. 해당없음 5. 무응답	업체명
9	11	7	6	5	
9	11	7	6	5	
9	11	7	6	5	
9	11	7	6	5	
9	11	7	6	5	
9	11	7	6	5	
9	11	7	6	5	
9	11	7	6	5	
9	11	7	6	5	
9	11	7	6	5	
9	11	7	6	5	
9	11	7	6	5	
9	11	7	6	5	
9	11	7	6	5	
9	11	7	6	5	
9	11	7	6	5	
9	11	7	6	5	
9	11	7	6	5	
9	11	7	6	5	
9	11	7	6	5	
9	11	7	6	5	
9	11	7	6	5	
9	11	7	6	5	
9	11	7	6	5	
9	11	7	6	5	
9	11	7	6	5	
9	11	7	6	5	
9	11	7	6	5	
9	11	7	6	5	
9	11	7	6	5	
9	11	7	6	5	
9	11	7	6	5	
9	11	7	6	5	
9	11	7	6	5	
9	11	7	6	5	
9	11	7	6	5	
9	11	7	6	5	
9	11	7	6	5	
9	11	7	6	5	
9	11	7	6	5	
9	11	7	6	5	
9	11	7	6	5	
9	11	7	6	5	

순번	기관명	세부사업명	2018년 예산 (단위:천원)	민간이전 분류 : 지출세목별 1. 민간경상보조(320-01) 2. 민간위탁사업비(320-02) 3. 민간자본보조(320-07) 4. 법정민간대행사업비(320-08)	입찰방식 입찰방법 1. 일반입찰 2. 제한입찰 3. 지명입찰 4. 수의계약 5. 법정지정위탁 6. 고시/훈령/지침 지정위탁 7. 기타(내용기재) 8. 해당없음 9. 무응답
686	문화체육관광부	한국문화예술회관연합회 운영	1,292,000	1	9
687	문화체육관광부	한국장애인문화예술원 지원	1,369,000	1	9
688	문화체육관광부	예술의전당 운영 지원	8,996,000	1	9
689	문화체육관광부	아리랑 등 전통문화 확산	800,000	1	9
690	문화체육관광부	공연연습공간 조성 및 운영지원	6,186,000	1	9
691	문화체육관광부	공연장 안전 선진화 시스템 구축	3,330,000	1	9
692	문화체육관광부	중소규모 문화관람 지원 이용활성화	1,050,000	1	9
693	문화체육관광부	국립한국문학관 건립(자료수집)	2,000,000	1	9
694	문화체육관광부	예술정책사업 지원	357,000	1	9
695	문화체육관광부	한민족문화예술지원	900,000	1	9
696	문화체육관광부	예술인 창작안전망 구축	27,463,000	1	9
697	문화체육관광부	한국문학번역원 지원	6,196,000	1	9
698	문화체육관광부	공공디자인 진흥기반 구축	3,206,000	1	9
699	문화체육관광부	우수문화상품 지정제 활성화	1,000,000	1	9
700	문화체육관광부	산업단지, 폐산업시설 문화재생평가 및 컨설팅	180,000	1	9
701	문화체육관광부	구서울역사 복합문화공간 운영지원	3,581,000	1	9
702	문화체육관광부	대한민국건축문화진흥	170,000	1	9
703	문화체육관광부	공공미술프로젝트	1,354,000	1	9
704	문화체육관광부	미술 창작 및 향유 지원	15,480,000	1	9
705	문화체육관광부	미술품 유통 및 감정기반 구축	27,250,000	1	9
706	문화체육관광부	미술관 활성화 기반 구축	135,000	1	9
707	문화체육관광부	전통예술의 세계화	700,000	1	9
708	문화체육관광부	문화예술치유 프로그램 지원	2,544,000	1	9
709	문화체육관광부	문화의 집 생활문화 활동 지원	300,000	1	9
710	문화체육관광부	소외 아동청소년 오케스트라 교육	4,458,000	1	9
711	문화체육관광부	예술꽃씨앗학교 운영	4,000,000	1	9
712	문화체육관광부	토요문화학교 예술감상교육 프로그램 운영	26,000,000	1	9
713	문화체육관광부	유아문화예술교육 지원	1,000,000	1	9
714	문화체육관광부	문화예술기관 토요문화학교 운영	6,750,000	1	9
715	문화체육관광부	사회문화예술교육 지원	26,634,793	1	9
716	문화체육관광부	문예회관 문화예술교육 프로그램 지원	900,000	1	9
717	문화체육관광부	학교예술강사지원	48,966,000	1	9
718	문화체육관광부	생애전환 문화예술학교 운영	420,000	1	9
719	문화체육관광부	문학집필공간운영지원	250,000	1	9
720	문화체육관광부	문예지발간지원	940,000	1	9
721	문화체육관광부	문학행사및연구지원	100,000	1	9
722	문화체육관광부	시각예술창작산실(공간지원)	9,500,000	1	9
723	문화체육관광부	시각예술창작산실(비평지원)	100,000	1	9
724	문화체육관광부	시각예술창작산실(전시지원)	650,000	1	9
725	문화체육관광부	코리안아티스트프로젝트	61,000	1	9
726	문화체육관광부	공연예술창작산실	6,220,000	1	9
727	문화체육관광부	공연예술비평연구활성화지원	200,000	1	9
728	문화체육관광부	창작뮤지컬 해외유통지원	700,000	1	9
729	문화체육관광부	대한민국공연예술제지원(대한민국연극제)	720,000	1	9
730	문화체육관광부	대한민국공연예술제지원(전국무용제)	600,000	1	9
731	문화체육관광부	대한민국공연예술제지원(한국창작음악제)	360,000	1	9
732	문화체육관광부	대한민국공연예술제지원(헤비치아트페스티벌)	414,000	1	9
733	문화체육관광부	대한민국공연예술제지원(대한민국오페라축제)	920,000	1	9
734	문화체육관광부	대한민국공연예술제지원(대한민국발레축제)	360,000	1	9
735	문화체육관광부	대한민국공연예술제지원(신년음악회)	180,000	1	9
736	문화체육관광부	대한민국공연예술제지원(서울국제공연예술제)	960,000	1	9
737	문화체육관광부	대한민국공연예술제지원(원로연극제)	450,000	1	9
738	문화체육관광부	대한민국공연예술제지원(한국뮤지컬어워즈)	400,000	1	9
739	문화체육관광부	대한민국공연예술제지원(일반공모)	1,731,000	1	9

계약기간	낙찰자 선정방법	운영 예산 산정		성과평가 실시여부	지출대상 단체 (민간)
		원가산정	정산방법		업체명
1. 1년 2. 2년 3. 3년 4. 4년 5. 5년 6. 기타 ( )년 7. 단기계약 (1년 미만) 8. 해당없음 9. 무응답	1. 적격심사낙찰제 2. 협상에 의한 계약 3. 최저가낙찰제 4. 2단계입찰 5. 규격,가격 분리 동시 입찰 6. (수의계약)법,고시 위탁계약 7. (수의계약)법,고시 대행협약 8. 수의계약 9. 기타(내용기재) 10. 해당없음 11. 무응답	1. 내부산정 2. 외부산정 3. 내·외부 모두산정 4. 규정에 운영예산 명시 5. 산정 無 6. 해당없음 7. 무응답	1. 내부정산 2. 외부정산 3. 내·외부 모두산정 4. 정산 無 5. 해당없음 6. 무응답	1. 실시 2. 미실시 3. 향후추진 4. 해당없음 5. 무응답	
9	11	7	6	5	
9	11	7	6	5	
9	11	7	6	5	
9	11	7	6	5	
9	11	7	6	5	
9	11	7	6	5	
9	11	7	6	5	
9	11	7	6	5	
9	11	7	6	5	한국예술인복지재단
9	11	7	6	5	
9	11	7	6	5	
9	11	7	6	5	
9	11	7	6	5	
9	11	7	6	5	
9	11	7	6	5	
9	11	7	6	5	(재)예술경영지원센터
9	11	7	6	5	
9	11	7	6	5	
9	11	7	6	5	
9	11	7	6	5	
9	11	7	6	5	
9	11	7	6	5	
9	11	7	6	5	
9	11	7	6	5	한국문화예술교육진흥원
9	11	7	6	5	
9	11	7	6	5	한국문화예술위원회
9	11	7	6	5	한국문화예술위원회
9	11	7	6	5	한국문화예술위원회
9	11	7	6	5	한국문화예술위원회
9	11	7	6	5	한국문화예술위원회
9	11	7	6	5	한국문화예술위원회
9	11	7	6	5	한국문화예술위원회
9	11	7	6	5	
9	11	7	6	5	한국문화예술위원회
9	11	7	6	5	
9	11	7	6	5	
9	11	7	6	5	
9	11	7	6	5	
9	11	7	6	5	
9	11	7	6	5	

순번	기관명	세부사업명	2018년 예산 (단위:천원)	민간이전 분류 : 지출세목별 1. 민간경상보조(320-01) 2. 민간위탁사업비(320-02) 3. 민간자본보조(320-07) 4. 법정민간대행사업비(320-08)	입찰방식 입찰방법 1. 일반입찰 2. 제한입찰 3. 지명입찰 4. 수의계약 5. 법정지정위탁 6. 고시/훈령/지침 지정위탁 7. 기타(내용기재) 8. 해당없음 9. 무응답
740	문화체육관광부	공연장대관료지원	3,250,000	1	9
741	문화체육관광부	공연예술특성화극장운영지원	1,000,000	1	9
742	문화체육관광부	예술가해외레지던스파견	675,000	1	9
743	문화체육관광부	한국예술국제교류	2,110,000	1	9
744	문화체육관광부	베니스비엔날레한국관운영	600,000	1	9
745	문화체육관광부	국제예술공동기금사업	250,000	1	9
746	문화체육관광부	국제문학포럼개최	200,000	1	9
747	문화체육관광부	대한민국공연예술제지원(서울국제무용콩쿠르)	400,000	1	9
748	문화체육관광부	대한민국공연예술제지원(행복바라미문화대축전)	200,000	1	9
749	문화체육관광부	대한민국공연예술제지원(독도사랑축제)	250,000	1	9
750	문화체육관광부	대한민국공연예술제지원(대한민국독도음악제)	100,000	1	9
751	문화체육관광부	제10회 대한민국청소년 트로트가요제	250,000	1	9
752	문화체육관광부	서울 K-POP 공연	100,000	1	9
753	문화체육관광부	세계마술올림픽	500,000	1	9
754	문화체육관광부	2018 아시아아트페어 지원	100,000	1	9
755	문화체육관광부	세계한민족미술대축제	400,000	1	9
756	문화체육관광부	정부정책소통 포럼 지원	126,000	1	9
757	문화체육관광부	전문가 세미나 개최 지원	53,000	1	9
758	문화체육관광부	국민참여 정책소통 프로젝트(공동캠페인) 지원	333,000	1	9
759	문화체육관광부	인문정신문화온라인서비스운영	960,000	1	9
760	문화체육관광부	인생나눔교실 운영	3,300,000	1	9
761	문화체육관광부	박물관 길위의 인문학 운영	3,000,000	1	9
762	문화체육관광부	인문활동가 양성, 파견(길 위의 인문학)	2,922,900	1	9
763	문화체육관광부	세계평화대회 개최	500,000	1	9
764	문화체육관광부	국민독서문화 확산	3,380,700	1	9
765	문화체육관광부	병영독서 활성화 지원	2,975,400	1	9
766	문화체육관광부	인문독서예술캠프	1,000,000	1	9
767	문화체육관광부	중화권 홍보용 콘텐츠 제작 및 매체방영	400,000	1	9
768	문화체육관광부	계기별 행사개최 및 지원	435,000	1	9
769	문화체육관광부	주한외국인대상 홍보사업	465,000	1	9
770	문화체육관광부	순방계기 문화행사	220,000	1	9
771	문화체육관광부	코리아 둘레길 사업	1,930,000	1	9
772	문화체육관광부	코리아 모빌리티(두루누비) 사업	530,000	1	9
773	문화체육관광부	걷기여행길 활성화	2,389,000	1	9
774	문화체육관광부	생태녹색관광 활성화 지원	239,000	1	9
775	문화체육관광부	레저관광 활성화	900,000	1	9
776	문화체육관광부	관광레저도시 지원 및 콘텐츠 개발	162,000	1	9
777	문화체육관광부	관광투자유치 지원	300,000	1	9
778	문화체육관광부	국가관광자원개발 통합정보시스템 운영	416,000	1	9
779	문화체육관광부	관광기념품 공모전 개최 및 유통활성화 지원	1,050,000	1	9
780	문화체육관광부	관광품질 통합인증제 운영	2,240,000	1	9
781	문화체육관광부	중저가 우수 숙박시설 확충 사업	390,000	1	9
782	문화체육관광부	관광두레 홍보마케팅	500,000	1	9
783	문화체육관광부	안전 민박 활성화	600,000	1	9
784	문화체육관광부	관광호텔 체인화 기반조성	720,000	1	9
785	문화체육관광부	호텔업 등급제도 운영	377,000	1	9
786	문화체육관광부	호텔업 국가승인통계 발간	300,000	1	9
787	문화체육관광부	서원향교 시설 개보수 지원	800,000	3	9
788	문화체육관광부	전통한옥 숙박시설 홍보지원	350,000	1	9
789	문화체육관광부	템플스테이 시설지원	11,000,000	3	9
790	문화체육관광부	템플스테이 운영지원	12,000,000	1	9
791	문화체육관광부	전통문화 재현 및 체험	2,200,000	1	9
792	문화체육관광부	전통문화 관광콘텐츠 상품화 마케팅 홍보	436,000	1	9
793	문화체육관광부	서원향교 문화관광 프로그램 운영 및 활성화 지원	841,000	1	9

계약기간	낙찰자 선정방법	운영 예산 산정		성과평가 실시여부	지출대상 단체 (민간)
		원가산정	정산방법		
1. 1년 2. 2년 3. 3년 4. 4년 5. 5년 6. 기타 ( )년 7. 단기계약 (1년 미만) 8. 해당없음 9. 무응답	1. 적격심사낙찰제 2. 협상에 의한 계약 3. 최저가낙찰제 4. 2단계입찰 5. 규격,가격 분리 동시 입찰 6. (수의계약)법,고시 위탁계약 7. (수의계약)법,고시 대행협약 8. 수의계약 9. 기타(내용기재) 10. 해당없음 11. 무응답	1. 내부산정 2. 외부산정 3. 내·외부 모두산정 4. 규정에 운영예산 명시 5. 산정 無 6. 해당없음 7. 무응답	1. 내부정산 2. 외부정산 3. 내·외부 모두정산 4. 정산 無 5. 해당없음 6. 무응답	1. 실시 2. 미실시 3. 향후추진 4. 해당없음 5. 무응답	업체명
9	11	7	6	5	한국문화예술위원회
9	11	7	6	5	한국문화예술위원회
9	11	7	6	5	한국문화예술위원회
9	11	7	6	5	
9	11	7	6	5	
9	11	7	6	5	
9	11	7	6	5	
9	11	7	6	5	
9	11	7	6	5	
9	11	7	6	5	
9	11	7	6	5	
9	11	7	6	5	
9	11	7	6	5	
9	11	7	6	5	
9	11	7	6	5	
9	11	7	6	5	
9	11	7	6	5	
9	11	7	6	5	
9	11	7	6	5	
9	11	7	6	5	출판문화산업진흥원, 책읽는사회문화재단
9	11	7	6	5	사랑의책나누기운동본부
9	11	7	6	5	한국출판문화산업진흥원
9	11	7	6	5	
9	11	7	6	5	
9	11	7	6	5	
9	11	7	6	5	
9	11	7	6	5	
9	11	7	6	5	
9	11	7	6	5	
9	11	7	6	5	
9	11	7	6	5	
9	11	7	6	5	한국관광공사
9	11	7	6	5	
9	11	7	6	5	
9	11	7	6	5	
9	11	7	6	5	
9	11	7	6	5	
9	11	7	6	5	
9	11	7	6	5	
9	11	7	6	5	
9	11	7	6	5	

순번	기관명	세부사업명	2018년 예산 (단위:천원)	민간이전 분류 : 지출세목별 1. 민간경상보조(320-01) 2. 민간위탁사업비(320-02) 3. 민간자본보조(320-07) 4. 법정민간대행사업비(320-08)	입찰방식 입찰방법 1. 일반입찰 2. 제한입찰 3. 지명입찰 4. 수의계약 5. 법정지정위탁 6. 고시/훈령/지침 지정위탁 7. 기타(내용기재) 8. 해당없음 9. 무응답
794	문화체육관광부	도산서원 선비문화체험 연수	3,906,000	1	9
795	문화체육관광부	한국문화관광연구원 운영지원(인건비)	5,312,000	1	9
796	문화체육관광부	한국문화관광연구원 운영지원(경상비)	802,000	1	9
797	문화체육관광부	한국문화관광연구원운영지원(연구사업비)	3,914,000	1	9
798	문화체육관광부	국내관광 활성화(지역명사와 함께하는 문화여행)	500,000	1	9
799	문화체육관광부	국내관광 활성화(여행주간 캠페인 및 관광소재 개발)	12,545,000	1	9
800	문화체육관광부	관광통계 개선	1,162,000	1	9
801	문화체육관광부	국내관광 활성화(청소년 관광 활성화)	300,000	1	9
802	문화체육관광부	관광취약계층 관광여건 개선	4,914,000	1	9
803	문화체육관광부	지역관광 개선	753,000	1	9
804	문화체육관광부	국민휴양형 팬션단지 조성	300,000	1	9
805	문화체육관광부	스마트관광 기반 조성	1,404,000	1	9
806	문화체육관광부	온라인 관광정보 제공	32,150,000	1	9
807	문화체육관광부	관광정보화(정보화)	27,880,000	1	9
808	문화체육관광부	연구개발 과제 선정 및 연구 지원	2,100,000	1	9
809	문화체육관광부	기획평가관리비	108,000	1	9
810	문화체육관광부	한국관광통계 관리 및 조사	1,020,000	1	9
811	문화체육관광부	외국청소년 방한교육여행 활성화	4,000,000	1	9
812	문화체육관광부	FIT 맞춤형 외래관광객 유치 캠페인	5,720,000	1	9
813	문화체육관광부	K-Style Hub 운영	1,156,000	1	9
814	문화체육관광부	중화권 시장 유치 확대	8,851,000	1	9
815	문화체육관광부	구미주 시장 유치확대	4,385,000	1	9
816	문화체육관광부	중국전담여행사 관리 및 시장 건전화	1,100,000	1	9
817	문화체육관광부	국제관광기구 의제 분석 및 확산	100,000	1	9
818	문화체육관광부	전략시장 국제행사 개최	2,000,000	1	9
819	문화체육관광부	국제관광기구 협력	643,000	1	9
820	문화체육관광부	아중동 시장 유치 확대	7,822,000	1	9
821	문화체육관광부	시장 맞춤형 마케팅 전략	1,300,000	1	9
822	문화체육관광부	환승관광 프로그램 운영 및 홍보	1,150,000	1	9
823	문화체육관광부	지역대표 쇼핑관광명소 육성	1,500,000	1	9
824	문화체육관광부	한국문화관광대전	2,850,000	1	9
825	문화체육관광부	관광교통 편의성 제고 (민간경상)	760,000	1	9
826	문화체육관광부	일본 시장 유치 확대	5,603,000	1	9
827	문화체육관광부	고품격 관광 활성화	9,500,000	1	9
828	문화체육관광부	여행업 경쟁력강화 및 건전여행풍토 조성	1,711,000	1	9
829	문화체육관광부	테마관광 거점조성 (사랑채)	2,479,000	1	9
830	문화체육관광부	글로컬 관광 육성	1,620,000	1	9
831	문화체육관광부	크루즈 관광 활성화	887,000	1	9
832	문화체육관광부	대국민 국외여행 공적서비스 제공	534,000	1	9
833	문화체육관광부	한국관광공사 운영지원	66,534,000	1	9
834	문화체육관광부	MICE산업 육성	22,376,000	1	9
835	문화체육관광부	마이스산업 인력양성 및 업계지원	720,000	1	9
836	문화체육관광부	PCO업계 양성 강화사업	395,000	1	9
837	문화체육관광부	글로벌 MICE인사이트 발간	117,000	1	9
838	문화체육관광부	MICE고도화를 위한 컨벤션학회지원	50,000	1	9
839	문화체육관광부	시도국제관광전	320,000	1	9
840	문화체육관광부	한류관광 활성화	3,540,000	1	9
841	문화체육관광부	한국음식관광 활성화	1,710,000	1	9
842	문화체육관광부	한국음식관광박람회	90,000	1	9
843	문화체육관광부	공연관광활성화	2,100,000	1	9
844	문화체육관광부	전통시장관광활성화	1,360,000	1	9
845	문화체육관광부	스포츠관광활성화	3,280,000	1	9
846	문화체육관광부	평창올림픽 관광 활성화	1,720,000	1	9
847	문화체육관광부	국제문화예술 해외교류	3,006,000	1	9

계약기간	낙찰자 선정방법	운영 예산 산정		성과평가 실시여부	지출대상 단체 (민간)
		원가산정	정산방법		
1. 1년 2. 2년 3. 3년 4. 4년 5. 5년 6. 기타 ( )년 7. 단기계약 (1년 미만) 8. 해당없음 9. 무응답	1. 적격심사낙찰제 2. 협상에 의한 계약 3. 최저가낙찰제 4. 2단계입찰 5. 규격,가격 분리 동시 입찰 6. (수의계약)법,고시 위탁계약 7. (수의계약)법,고시 대행협약 8. 수의계약 9. 기타(내용기재) 10. 해당없음 11. 무응답	1. 내부산정 2. 외부산정 3. 내·외부 모두산정 4. 규정에 운영예산 명시 5. 산정 無 6. 해당없음 7. 무응답	1. 내부정산 2. 외부정산 3. 내·외부 모두산정 4. 정산 無 5. 해당없음 6. 무응답	1. 실시 2. 미실시 3. 향후추진 4. 해당없음 5. 무응답	업체명
9	11	7	6	5	
9	11	7	6	5	
9	11	7	6	5	
9	11	7	6	5	
9	11	7	6	5	
9	11	7	6	5	
9	11	7	6	5	
9	11	7	6	5	
9	11	7	6	5	
9	11	7	6	5	
9	11	7	6	5	
9	11	7	6	5	
9	11	7	6	5	
9	11	7	6	5	
9	11	7	6	5	
9	11	7	6	5	
9	11	7	6	5	
9	11	7	6	5	
9	11	7	6	5	
9	11	7	6	5	
9	11	7	6	5	
9	11	7	6	5	
9	11	7	6	5	
9	11	7	6	5	
9	11	7	6	5	
9	11	7	6	5	
9	11	7	6	5	
9	11	7	6	5	
9	11	7	6	5	
9	11	7	6	5	
9	11	7	6	5	
9	11	7	6	5	
9	11	7	6	5	
9	11	7	6	5	
9	11	7	6	5	
9	11	7	6	5	
9	11	7	6	5	
9	11	7	6	5	
9	11	7	6	5	
9	11	7	6	5	
9	11	7	6	5	
9	11	7	6	5	

순번	기관명	세부사업명	2018년 예산 (단위:천원)	민간이전 분류 : 지출세목별 1. 민간경상보조(320-01) 2. 민간위탁사업비(320-02) 3. 민간자본보조(320-07) 4. 법정민간대행사업비(320-08)	입찰방식 입찰방법 1. 일반입찰 2. 제한입찰 3. 지명입찰 4. 수의계약 5. 법정지정위탁 6. 고시/훈령/지침 지정위탁 7. 기타(내용기재) 8. 해당없음 9. 무응답
848	문화체육관광부	해외전통문화예술단 파견	114,000	1	9
849	문화체육관광부	맞춤형 생활체육 활동지원	13,370,000	1	9
850	문화체육관광부	스포츠클럽육성 및 리그대회 지원	17,696,000	1	9
851	문화체육관광부	생활체육대회지원 등	2,586,000	1	9
852	문화체육관광부	학교체육시설개방지원	4,131,000	1	9
853	문화체육관광부	기타 생활체육단체 지원	1,800,000	1	9
854	문화체육관광부	생활체육 국제교류 지원	410,000	1	9
855	문화체육관광부	생활체육 정보제공	5,126,000	1	9
856	문화체육관광부	안전한 스포츠 활동지원	4,850,000	1	9
857	문화체육관광부	스포츠 종목 보급	11,288,000	1	9
858	문화체육관광부	충주국제무예센터 운영	703,000	1	9
859	문화체육관광부	장애인국민체육센터 시군구형 기본조사	150,000	1	9
860	문화체육관광부	도박문제 예방·홍보활동 강화	2,624,000	1	9
861	문화체육관광부	도박중독 치유·재활 서비스 확대	8,221,000	1	9
862	문화체육관광부	한국도박문제관리센터 운영	6,587,000	1	9
863	문화체육관광부	회원종목단체 및 지회 운영	27,833,000	1	9
864	문화체육관광부	선수인권 및 은퇴선수 지원	1,962,000	1	9
865	문화체육관광부	체육정보망 구축	1,271,000	1	9
866	문화체육관광부	국가대표훈련 지원	42,492,000	1	9
867	문화체육관광부	우수선수육성지원	19,263,000	1	9
868	문화체육관광부	선수촌 운영	22,970,000	1	9
869	문화체육관광부	청소년 체육교류 지원	1,709,000	1	9
870	문화체육관광부	국제체육 교류 지원	1,337,000	1	9
871	문화체육관광부	남북체육 교류	100,000	1	9
872	문화체육관광부	국제경기 참가	6,390,000	1	9
873	문화체육관광부	경기력 향상 서비스 고도화	450,000	1	9
874	문화체육관광부	생활스포츠 시장 창출	950,000	1	9
875	문화체육관광부	스포츠 사회서비스 시장 창출	650,000	1	9
876	문화체육관광부	기업경영지원	490,000	1	9
877	문화체육관광부	인력양성지원	3,580,000	1	9
878	문화체육관광부	지역스포츠산업지원	5,000,000	1	9
879	문화체육관광부	첨단기술기반산업혁신	2,200,000	1	9
880	문화체육관광부	문화정보 다부처 연계서비스 플랫폼 구축	1,318,000	1	9
881	민주평화통일자문회의	자문위원 역량강화	1,417,000	1	8
882	민주평화통일자문회의	지역협의회 활동추진	6,525,000	1	8
883	방송통신위원회	방송통신 이용자 보호 환경조성	2,319,000	1	7
884	방송통신위원회	방송통신시장 조사분석	1,800,000	1	7
885	방송통신위원회	안전한 위치정보 이용환경조성	150,000	1	7
886	방송통신위원회	한국방송공사 대외방송 송출지원	8,790,000	1, 3	7
887	방송통신위원회	한국교육방송공사 방송인프라 개선	3,330,000	3	7
888	방송통신위원회	공익채널운영실적점검평가	219,000	1	7
889	방송통신위원회	방송재난관리(KBS지역(총)국 재난재해 자막속보 시스템 개선)	650,000	1	7
890	방송통신위원회	방송재난관리(중계시설 연구용역)	460,000	1	7
891	방송통신위원회	EBS 프로그램 제작지원	28,189,000	1	7
892	방송통신위원회	아리랑 국제방송 지원	36,956,000	1, 3	7
893	방송통신위원회	국악방송 지원	4,417,000	1	7
894	방송통신위원회	한국방송공사 대외방송 프로그램 제작지원	7,598,000	1	7
895	방송통신위원회	지역·중소방송 콘텐츠 경쟁력 강화	4,100,000	1	7
896	방송통신위원회	미디어다양성 증진	4,916,000	1	7
897	방송통신위원회	방송시장 경쟁상황평가	379,000	1	7
898	방송통신위원회	소외계층 방송접근권 보장	11,016,000	1	7
899	방송통신위원회	언론중재위원회 지원	11,453,000	1	7
900	방송통신위원회	방송통신심의위원회 지원	31,676,000	1	7

계약기간	낙찰자 선정방법	운영 예산 산정		성과평가 실시여부	지출대상 단체 (민간)
1. 1년 2. 2년 3. 3년 4. 4년 5. 5년 6. 기타 ( )년 7. 단기계약 (1년 미만) 8. 해당없음 9. 무응답	1. 적격심사낙찰제 2. 협상에 의한 계약 3. 최저가낙찰제 4. 2단계입찰 5. 규격,가격 분리 동시 입찰 6. (수의계약)법,고시 위탁계약 7. (수의계약)법,고시 대행협약 8. 수의계약 9. 기타(내용기재) 10. 해당없음 11. 무응답	원가산정 1. 내부산정 2. 외부산정 3. 내·외부 모두산정 4. 규정에 운영예산 명시 5. 산정 無 6. 해당없음 7. 무응답	정산방법 1. 내부정산 2. 외부정산 3. 내·외부 모두산정 4. 정산 無 5. 해당없음 6. 무응답	1. 실시 2. 미실시 3. 향후추진 4. 해당없음 5. 무응답	업체명
9	11	7	6	5	
9	11	7	6	5	
9	11	7	6	5	
9	11	7	6	5	
9	11	7	6	5	
9	11	7	6	5	
9	11	7	6	5	
9	11	7	6	5	
9	11	7	6	5	
9	11	7	6	5	
9	11	7	6	5	
9	11	7	6	5	
9	11	7	6	5	
9	11	7	6	5	
9	11	7	6	5	
9	11	7	6	5	
9	11	7	6	5	
9	11	7	6	5	
9	11	7	6	5	
9	11	7	6	5	
9	11	7	6	5	
9	11	7	6	5	
9	11	7	6	5	
9	11	7	6	5	
9	11	7	6	5	
9	11	7	6	5	
8	10	1	1	4	민주평통 지역회의 및 협의회
8	10	1	1	4	민주평통 지역회의 및 협의회
1	9	4	1	1	한국정보통신진흥협회, 한국무선인터넷산업연합회, 개인정보보호협회
1	9	4	1	1	한국정보통신진흥협회, 정보통신정책연구원
1	9	4	1	1	개인정보보호협회
1	9	4	1	1	한국방송공사
1	9	4	1	1	한국교육방송공사
1	9	4	1	1	시청자미디어재단
1	9	4	1	1	한국방송공사
1	9	4	1	1	한국전파진흥협회
1	9	4	1	1	한국교육방송공사
1	9	4	1	1	(재)국제방송교류재단
1	9	4	1	1	(재)국악방송
1	9	4	1	1	한국방송공사
1	9	4	1	1	한국전파진흥협회
1	9	4	1	1	한국방송광고진흥공사
1	9	4	1	1	정보통신정책연구원
1	9	4	1	1	시청자미디어재단, 한국정보통신기술협회
1	9	4	1	1	언론중재위원회
1	9	4	1	1	방송통신심의위원회

순번	기관명	세부사업명	2018년 예산 (단위:천원)	민간이전 분류 : 지출세목별 1. 민간경상보조(320-01) 2. 민간위탁사업비(320-02) 3. 민간자본보조(320-07) 4. 법정민간대행사업비(320-08)	입찰방식 입찰방법 1. 일반입찰 2. 제한입찰 3. 지명입찰 4. 수의계약 5. 법정지정위탁 6. 고시/훈령/지침 지정위탁 7. 기타(내용기재) 8. 해당없음 9. 무응답
901	방송통신위원회	방송광고.협찬고지 모니터링 기반구축	1,555,000	1	7
902	방송통신위원회	방송시장 불공정 행위조사 지원	492,000	1	7
903	방송통신위원회	시청자방송참여 활성화 지원	1,398,000	1	7
904	방송통신위원회	시청자미디어재단 지원	17,092,000	1, 3	7
905	방송통신위원회	방송평가 기반조성	915,000	1	7
906	방송통신위원회	방송광고 공공 인프라구축 지원	3,012,000	1	7
907	방송통신위원회	혁신형 중소기업 방송광고 활성화 지원	2,850,000	1	7
908	방송통신위원회	방송정보 활용기반 체계화	551,000	1	7
909	방송통신위원회	방송통신 국제협력 강화	900,000	1	7
910	방송통신위원회	위치정보 활용 긴급구조 지원체계 강화	220,000	1	7
911	방송통신위원회	클린인터넷 이용환경 조성	1,143,000	1	7
912	방송통신위원회	지능정보화 이용자 기반보호 환경조성(신규)	550,000	1	8
913	방송통신위원회	불법유해정보 차단기반 마련	876,000	1	7
914	방위사업청	(국제군사과학기술경진대회)미래무기 연구개발 시제품 개발 지원	88,000	1	7(경진대회를 통한 선정)
915	방위사업청	(글로벌 방산강소기업 지원)대상기업 선정 및 지원	2,259,350	1	8
916	방위사업청	(무기체계 개조개발 지원)개조개발비 지원	2,112,000	1	8
917	방위사업청	(방산수출 인프라 강화)방산전시회 국고보조금 및 시장개척 활동	1,770,000	1	8
918	방위사업청	(방산수출 인프라 강화)방산물자교역지원센터 운영	408,000	1	8
919	방위사업청	(방산기술보호 지원)중소기업 정보보호체계 구축지원	110,000	1	8
920	방위사업청	(방산기술보호 지원)기술유출방지시스템 구축지원	200,000	1	8
921	법무부	성장동력확충을위한 기업법제선진화	240,000	1	8
922	법무부	성장동력확충을위한 기업법제선진화	3,442,383	1	8
923	법무부	정부법무공단운영지원	416,000	1	8
924	법무부	변호사제도의선진화	144,000	1	8
925	법무부	변호사제도의선진화	255,000	1	8
926	법무부	변호사제도의선진화	300,000	1	8
927	법무부	법률구조	50,264,000	1	8
928	법무부	주택임대차분쟁조정위원회	3,343,000	1	8
929	법무부	IOM이민정책연구원운영	1,417,000	1	8
930	법무부	외국인사회통합지원	1,222,880	1	8
931	법무부	사회통합프로그램이수제운영	6,114,010	1	1
932	법무부	검찰청시설운영	1,976,042	1	2
933	법무부	검찰청시설운영		1	2
934	법무부	교도소행정지원	8,691,074	4	8
935	법무부	교도소행정지원	1,206,491	1	2
936	법무부	교도소행정지원		1	2
937	법무부	교도소행정지원		1	2
938	법무부	갱생보호	28,110,000	1	8
939	법무부	소년원생수용	3,266,805	1	8
940	법무부	교도작업	432,663	4	5
941	법무부	범죄피해자 치료 및 자립지원	10,646,000	1, 3	5, 6
942	법무부	진술조력인 양성 및 배치	516,000	1	2
943	법무부	피해자국선변호사 지원	1,642,000	1	6
944	새만금개발청	새만금문화예술기반조성	200,000	1	7(공모)
945	식품의약품안전처	HACCP 제도 활성화	4,297,000	3	8
946	식품의약품안전처	식품안전정보원 운영	6,393,000	1	5
947	식품의약품안전처	식품이력추적관리제도 운영	263,000	1	5
948	식품의약품안전처	한국식품안전관리인증원 지원	18,785,000	1	5
949	식품의약품안전처	한국식품안전관리인증원 지원	200,000	3	5
950	식품의약품안전처	국민영양 안전관리	484,000	1	2
951	식품의약품안전처	식중독 예방 및 관리	1,006,000	2	5
952	식품의약품안전처	수입식품 현지 안전관리	276,000	2	2
953	식품의약품안전처	마약퇴치운동본부 지원	2,021,000	1	8

계약기간	낙찰자 선정방법	운영 예산 산정		성과평가 실시여부	지출대상 단체 (민간)
		원가산정	정산방법		
1. 1년 2. 2년 3. 3년 4. 4년 5. 5년 6. 기타 ( )년 7. 단기계약 (1년 미만) 8. 해당없음 9. 무응답	1. 적격심사낙찰제 2. 협상에 의한 계약 3. 최저가낙찰제 4. 2단계입찰 5. 규격,가격 분리 동시 입찰 6. (수의계약)법,고시 위탁계약 7. (수의계약)법,고시 대행협약 8. 수의계약 9. 기타(내용기재) 10. 해당없음 11. 무응답	1. 내부산정 2. 외부산정 3. 내·외부 모두산정 4. 규정에 운영예산 명시 5. 산정 無 6. 해당없음 7. 무응답	1. 내부정산 2. 외부정산 3. 내·외부 모두정산 4. 정산 無 5. 해당없음 6. 무응답	1. 실시 2. 미실시 3. 향후추진 4. 해당없음 5. 무응답	업체명
1	9	4	1	1	시청자미디어재단
1	9	4	1	1	시청자미디어재단
1	9	4	1	1	시청자미디어재단
1	9	4	1	1	시청자미디어재단
1	9	4	1	1	정보통신정책연구원
1	9	4	1	1	한국방송광고진흥공사, 한국광고총연합회
1	9	4	1	1	한국방송광고진흥공사
1	9	4	1	1	한국방송광고진흥공사, 정보통신정책연구원
1	9	4	1	1	한국인터넷진흥원,정보통신정책연구원,
1	9	4	1	1	한국통신사업자연합회
1	9	4	1	1	한국무선인터넷산업연합회
8	10	6	5	4	
1	9	4	1	1	한국정보통신진흥협회
1	9(개별 협약 체결)	5	1	1	
8	10	6	2	4	
8	10	6	2	4	
8	10	6	1	4	방산물자교역지원센타
1	10	6	5	4	강서실업 등 80개
8	10	2	5	4	
6(영구)	10	2	2	1	서울국제중재센터
6(영구)	10	2	2	1	대한상사중재원
6(영구)	10	2	2	1	정부법무공단
6(영구)	10	2	2	1	법조윤리협의회
6(영구)	10	2	2	1	대한변호사협회
6(영구)	10	2	2	1	한국법학원
6(영구)	10	2	2	1	대한법률구조공단
6(영구)	10	2	2	3	대한법률구조공단
6(영구)	10	1	3	1	IOM이민정책연구원
2	10	1	3	2	힌국이민재단
2	1	1	1	2	안산시 외국인주민센터
3	1	1	1	1	다솜어린이집, 부산검찰어린이집, 푸른솔어린이집
2	1	1	1	1	대구검찰어린이집, 인천꿈마루어린이집
6(영구)	10	1	1	2	소망교도소
3	1	1	1	1	초록꿈어린이집(서울구치소), 하늘빛어린이집(대전교도소)
5	1	1	1	1	남부보라미어린이집(서울남부구치소), 보라미어린이집(경북북부제1교도소), 햇살어린이집(청주교도소)
1	1	1	1	1	부산구치소 외부위탁
6(영구)	10	2	2	1	한국보호복지공단
6(영구)	10	2	2	1	한국소년보호협회
6(영구)	6	1	3	1	소망교도소
6(영구)	9(지정)	4	1	1	범죄피해자지원센터, 스마일센터
2	1	1	1	1	중앙아동보호전문기관
6(영구)	9(지정)	4	1	1	대한법률구조공단
7	9(보조사업자선정위원회)	1	3	1	사업자 선정 예정
8	9(선착순)	1	1	4	약 366개 식품제조가공업 및 60여개 식육가공업
8	9(법정 지정)	3	3	1	식품안전정보원
8	9(법정 지정)	3	3	1	식품안전정보원
8	9(법정 지정)	3	3	1	한국식품안전관리인증원
8	9(법정 지정)	3	3	1	한국식품안전관리인증원
3	2	1	3	1	식품안전정보원
1	6	3	2	1	한국식품안전관리인증원
7	2	1	2	1	한국식품안전관리인증원
8	10	6	3	1	(재)한국마약퇴치운동본부

순번	기관명	세부사업명	2018년 예산 (단위:천원)	민간이전 분류 : 지출세목별 1. 민간경상보조(320-01) 2. 민간위탁사업비(320-02) 3. 민간자본보조(320-07) 4. 법정민간대행사업비(320-08)	입찰방식 입찰방법 1. 일반입찰 2. 제한입찰 3. 지명입찰 4. 수의계약 5. 법정지정위탁 6. 고시/훈령/지침 지정위탁 7. 기타(내용기재) 8. 해당없음 9. 무응답
954	식품의약품안전처	희귀필수의약품센터 지원	1,222,000	1	7(약사법 제92조)
955	식품의약품안전처	의료기기정보기술지원센터 지원	4,488,000	1	5
956	식품의약품안전처	의료기기 안전관리체계 구축	897,500	4	2
957	식품의약품안전처	마약류통합관리시스템 구축 및 운영(정보화)	4,266,000	2	5
958	식품의약품안전처	식품관리운영	234,900	1	9
959	식품의약품안전처	의료기기관리운영	40,000	1	9
960	통일부	국내통일기반조성	762,000	1	8
961	통일부	이산가족문제 해결지원	100,000	1	8
962	통일부	납북피해자문제 해결지원	150,000	1	8
963	통일부	납북피해기념관 운영	100,000	1	8
964	통일부	북한이탈주민 정책 및 지원체계 운영	7,194,000	1	8
965	통일부	북한이탈주민 교육훈련	829,802	1	8
966	통일부	북한이탈주민 교육훈련		1	8
967	통일부	학교 통일교육 강화	2,311,200	1	8
968	통일부	학교 통일교육 강화		1	8
969	통일부	사회 통일교육 내실화	2,201,000	1	8
970	특허청	지식재산 기반 창업촉진사업	5,586,000	1	5
971	특허청	지식재산 창출지원사업	13,133,000	1	8
972	특허청	여성발명진흥사업	1,520,000	1	7(고시지정 국고보조사업)
973	특허청	수요자 중심의 지식재산 전문인력 양성 사업	4,696,000	1	8
974	특허청	발명교육활성화사업	8,892,813	1	8
975	특허청	지식재산연구 활성화 사업	4,685,000	1	7(법령지정 국고보조사업)
976	특허청	지재권 소송보험 지원사업	2,110,000	1	8
977	특허청	해외지식재산센터(IP-DESK) 운영	3,579,678	1	8
978	특허청	해외 지재권 분쟁 초동대응 지원	400,000	1	8
979	특허청	특허기술의 전략적 사업화 지원 사업	16,616,000	1	7(발명진흥법에 따른 보조사업자 지정)
980	특허청	변리사 등록업무 위탁사업	70,000	2	5
981	특허청	지재권 분쟁 공동대응 지원사업	800,000	2	1
982	특허청	IP 디딤돌 프로그램 사업	3,637,000	2	1
983	특허청	스타트업 특허바우처 사업	1,000,000	2	1
984	특허청	국제 지재권분쟁 조사 및 정보시스템 운영	1,378,000	2	4
985	특허청	국제 지식재산권 분쟁예방 컨설팅 지원사업	9,823,000	2	4
986	특허청	영업비밀 보호기반 조성 운영위탁 사업	758,000	2	4
987	특허청	국내 위조상품 단속지원 사업	1,497,000	2	4
988	특허청	지식재산 존중문화 조성 운영 위탁 사업	571,000	2	4
989	특허청	지식재산서비스업 활성화 사업	621,000	2	1
990	해양경찰청	국제외사활동(불법조업선박 처리)	1,094,000	2	1
991	해양경찰청	수상레저활동(해양경찰청장배 요트대회)	20,000	1	8
992	중부지방청	복지역량강화(보육시설지원)	350,000	1	7(재위탁심사)
993	동해지방청	복지역량강화(보육시설지원)	302,000	1	2
994	서해지방청	복지역량강화(보육시설지원)	340,000	1	1
995	남해지방청	복지역량강화(보육시설지원)	318,000	1	7(위원회 결정)
996	제주지방청	복지역량강화(보육시설지원)	345,000	1	1
997	해양수산부	해양보호구역관리	628	4	5
998	해양수산부	해양생태계 조사 및 관리	6,396	4	5
999	해양수산부	해양생물자원조사	200	2	5
1000	해양수산부	환경관리해역 관리 및 시스템 구축	4,125	2	4
1001	해양수산부	환경관리해역 관리 및 시스템 구축	1,853	3	8
1002	해양수산부	오염퇴적물 정화,복원	12,854	2	5
1003	해양수산부	해양방사성물질 감시체계 구축 운영	510	2	4
1004	해양수산부	연안관리	180	2	5
1005	해양수산부	해양환경교육 운영	2,592	2	4, 5

계약기간	낙찰자 선정방법	운영 예산 산정		성과평가 실시여부	지출대상 단체 (민간)
		원가산정	정산방법		
1. 1년 2. 2년 3. 3년 4. 4년 5. 5년 6. 기타 ( )년 7. 단기계약 　(1년 미만) 8. 해당없음 9. 무응답	1. 적격심사낙찰제 2. 협상에 의한 계약 3. 최저가낙찰제 4. 2단계입찰 5. 규격,가격 분리 동시 입찰 6. (수의계약)법,고시 위탁계약 7. (수의계약)법,고시 대행협약 8. 수의계약 9. 기타(내용기재) 10. 해당없음 11. 무응답	1. 내부산정 2. 외부산정 3. 내·외부 모두산정 4. 규정에 운영예산 명시 5. 산정 無 6. 해당없음 7. 무응답	1. 내부정산 2. 외부정산 3. 내·외부 모두산정 4. 정산 無 5. 해당없음 6. 무응답	1. 실시 2. 미실시 3. 향후추진 4. 해당없음 5. 무응답	업체명
8	9(교부신청, 정액지원)	1	3	1	한국희귀필수의약품센터
8	10	6	3	1	의료기기정보기술지원센터
3	1	2	2	1	한국전기연구원, 한국화학융합시험연구원
1	6	3	1	3	한국의약품안전관리원
9	11	7	6	5	
9	11	7	6	5	
8	10	6	1	3	민족화해협력범국민협의회 등 2기관
8	10	6	1	3	(사)일천만이산가족위원회
8	10	6	1	3	(사)전후납북자피해가족연합회
8	10	6	3	3	납북인사가족협의회
8	10	6	1	3	한겨레중고등학교 등 3개교
8	10	6	3	3	두원공과대학 산학협력단 등 4 기관
8	10	6	1	3	한국폴리텍3대학 산학협력단 등 2 기관
8	10	6	3	3	서울대 등 6개 대학, (사)전국대학통일문제연구소협의회
8	10	6	1	3	서울마포초 등 50개교
8	10	6	1	3	중앙통일교육센터, 통일교육협의회
1	10	6	3	4	한국발명진흥회
1	10	6	3	4	한국발명진흥회
1	10	6	1	1	한국여성발명협회
8	10	5	1	1	한국발명진흥회
8	10	5	1	1	한국발명진흥회
1	10	6	1	1	한국지식재산연구원
8	10	6	3	1	한국지식재산보호원
8	10	6	3	1	대한무역투자진흥공사
8	10	6	3	1	대한무역투자진흥공사
8	10	6	3	1	한국발명진흥회
8	6	2	1	1	대한변리사회
1	2	2	1	1	한국지식재산보호원
1	2	2	1	4	한국발명진흥회
1	2	2	1	1	한국특허전략개발원
1	6	2	1	1	한국지식재산보호원
1	8	2	3	1	한국지식재산보호원
1	6	2	1	1	한국특허정보원
1	6	2	1	1	한국지식재산보호원
1	6	2	1	1	한국지식재산보호원
1	2	2	1	4	한국지식재산서비스협회
1	3	1	1	4	청계해운 외 6건
8	10	6	1	4	대한요트협회
2	9(재위탁)	3	3	1	푸르니 보육지원재단
5	2	2	3	1	푸르니보육지원재단
3	3	3	3	1	모아맘보육재단
3	7	3	3	1	모아맘보육재단
3	2	2	2	1	푸르니보육지원재단
1	7	1	1	1	해양환경관리공단
1	7	1	1	1	해양환경관리공단
1	6	1	1	1	국립해양생물자원관
1	6	1	1	4	해양환경관리공단
8	10	1	1	4	해양환경관리공단
8	6	1	3	1	해양환경관리공단
1	6	1	1	4	해양환경관리공단
7	6	1	1	4	미정
1	8	1	3	1	해양환경관리공단

순번	기관명	세부사업명	2018년 예산 (단위:천원)	민간이전 분류 : 지출세목별 1. 민간경상보조(320-01) 2. 민간위탁사업비(320-02) 3. 민간자본보조(320-07) 4. 법정민간대행사업비(320-08)	입찰방식 입찰방법 1. 일반입찰 2. 제한입찰 3. 지명입찰 4. 수의계약 5. 법정지정위탁 6. 고시/훈령/지침 지정위탁 7. 기타(내용기재) 8. 해당없음 9. 무응답
1006	해양수산부	다목적 대형 방제선 건조	2,200	3	4
1007	해양수산부	해양정책및문화육성	2,780	1	7(공모)
1008	해양수산부	해양박물관 운영 및 해양교육관 건립	5,942	1	7(BTL사업)
1009	해양수산부	해양수산 신산업 육성 및 기업투자유치 지원	700	1	1
1010	해양수산부	독도 지속가능이용 및 관리	680	1	7(공모)
1011	해양수산부	해양기본측량 및 해도제작	2,900	2	4
1012	해양수산부	해양지명조사 및 알리기	500	1	7(지정교부)
1013	해양수산부	국가해양관측망 구축 및 운영	900	2	4
1014	해양수산부	해양관광육성	4,519	1	7(공모)
1015	해양수산부	어업협정이행	2,967	1	5
1016	해양수산부	어업정보통신지원	14,339	1	5
1017	해양수산부	어업정보통신지원	2,540	3	5
1018	해양수산부	수협지도경제사업활성화	12,046	1	8
1019	해양수산부	수협지도경제사업활성화	954	3	8
1020	해양수산부	수산산업창업투자지원	250	2	5
1021	해양수산부	수산연구시설 및 선박관리(R&D)	1,100	1	6
1022	해양수산부	해양환경정보(정보화)	220	2	4
1023	해양수산부	해양생태통합정보(정보화)	1,468	4	5
1024	해양수산부	청항선 관리 및 선박폐유수거 처리	12,046	2	5
1025	해양수산부	해양산업클러스터 지원	1,400	3	8
1026	해양수산부	선원복지고용센터운영	5,510	1	5
1027	해양수산부	해양수산연수원 지원	23,682	1	8
1028	해양수산부	해양수산연수원 지원	17,241	3	8
1029	해양수산부	전환교통지원	3,000	1	5
1030	해양수산부	국가필수선대제도 운영	6,100	1	8
1031	해양수산부	해운물류전문인력양성지원	2,030	1	7(일반공모)
1032	해양수산부	항만 YT 친환경 LNG 전환사업	1,025	1	2
1033	해양수산부	낙도보조항로결손보상금	14,687	1	2
1034	해양수산부	선박안전기술공단 지원	17,567	1	5
1035	해양수산부	선박배출 오염예방	850	4	4
1036	해양수산부	천일염산업육성	224	1	1
1037	해양수산부	천일염산업육성	2,640	2	1
1038	해양수산부	수산물 물류 표준화	948	1	1
1039	해양수산부	소비지 분산 물류센터 지원	6,873	3	1
1040	해양수산부	수산물이력제	2,220	2	1
1041	해양수산부	수산물 위생관리	375	1	5
1042	해양수산부	수산물 위생관리	100	2	6
1043	해양수산부	수산관측	3,285	4	4
1044	해양수산부	친환경양식어업육성	1,090	1	6
1045	해양수산부	양식수산물 전략품목 육성	120	1	8
1046	해양수산부	양식수산물 전략품목 육성	400	4	5
1047	해양수산부	관상어산업육성	200	1	7(예산반영시 민간단체 지정위탁)
1048	해양수산부	내수면자원조성	300	1	6
1049	해양수산부	내수면자원조성	3,179	3	6
1050	해양수산부	자율관리어업육성	819	1	5
1051	해양수산부	수산자원조성사업지원	14,468	1	5
1052	해양수산부	수산자원조성사업지원	59,001	3	5
1053	해양수산부	낚시산업 선진화	360	1	6
1054	해양수산부	낚시산업 선진화	593	2	6
1055	해양수산부	지속가능한어업생산체계구축	1,000	1	1
1056	해양수산부	어촌6차산업화지원	3,532	2	5

계약기간	낙찰자 선정방법	운영 예산 산정		성과평가 실시여부	지출대상 단체 (민간)
1. 1년 2. 2년 3. 3년 4. 4년 5. 5년 6. 기타 ( )년 7. 단기계약 (1년 미만) 8. 해당없음 9. 무응답	1. 적격심사낙찰제 2. 협상에 의한 계약 3. 최저가낙찰제 4. 2단계입찰 5. 규격,가격 분리 동시 입찰 6. (수의계약)법,고시 위탁계약 7. (수의계약)법,고시 대행협약 8. 수의계약 9. 기타(내용기재) 10. 해당없음 11. 무응답	원가산정 1. 내부산정 2. 외부산정 3. 내·외부 모두산정 4. 규정에 운영예산 명시 5. 산정 無 6. 해당없음 7. 무응답	정산방법 1. 내부정산 2. 외부정산 3. 내·외부 모두산정 4. 정산 無 5. 해당없음 6. 무응답	1. 실시 2. 미실시 3. 향후추진 4. 해당없음 5. 무응답	업체명
1	8	3	3	1	해양환경관리공단
1	9(보조사업자선정위원회)	5	3	2	미정
6(20년)	9(BTL사업)	6	4	4	해양문화주식회사
1	2	1	1	2	
1	9(보조사업자선정위원회)	1	1	1	미정
1	6	1	1	1	한국해양조사협회
1	9(지정교부)	1	2	2	이어도연구회
1	6	1	1	1	한국해양조사협회
1	9(보조사업자선정위원회)	5	3	2	미정
8	10	6	1	1	(사)한국수산회
8	10	1	1	4	수협중앙회 어업정보통신국
8	10	1	1	4	수협중앙회 어업정보통신국
8	10	6	1	4	수협중앙회
8	10	6	1	4	수협중앙회
1	6	1	1	1	해양수산과학기술진흥원
2	10	1	3	1	한국수산회
1	6	1	1	4	해양환경관리공단
1	7	1	1	1	해양환경관리공단
8	6	1	3	1	해양환경관리공단
8	10	2	3	4	부산항만공사, 여수광양항만공사
8	10	1	1	1	한국선원복지고용센터
8	10	1	3	1	한국해양수산연수원
8	10	1	3	1	한국해양수산연수원
1	10	4	1	1	한국해운조합
8	10	1	1	1	해운선사(한국선주협회)
5	9(외부평가위원회 심사)	1	1	3	한국해양대학교 외 15건
1	2	1	3	1	항만터미널운영사
3	1	4	1	4	(유)대부해운
8	10	6	5	1	선박안전기술공단
7	8	1	1	1	선박안전기술공단
1	2	1	1	1	㈜에이플랜투모로우
1	2	1	1	1	목포대학교
1	2	1	1	1	수협중앙회
6(완료시)	1	2	2	1	수협중앙회
1	2	1	1	1	(사)한국수산회
1	6	1	1	1	한국해양수산개발원
8	6	1	1	1	한국수산회
1	8	1	1	2	한국해양수산개발원
1	7	3	3	1	한국어촌어항협회
1	10	6	5	4	한국식품연구원
1	10	3	3	4	한국해양수산개발원
1	10	1	1	1	(사)한국관상어협회
1	6	1	1	2	한국농어촌공사
1	6	1	2	1	어업회사법인 민물고기유통판매㈜
1	6	1	3	1	(사)한국수산회
1	9(수산자원관리법 제55조의2)	1	1	1	한국수산자원관리공단
1	9(수산자원관리법 제55조의2)	1	1	1	한국수산자원관리공단
1	8	1	2	1	한국어촌어항협회, 한국수산무역협회
1	6	1	2	1	한국어촌어항협회
1	1	2	3	3	미정
1	6	1	3	1	한국어촌어항협회

순번	기관명	세부사업명	2018년 예산 (단위:천원)	민간이전 분류 : 지출세목별 1. 민간경상보조(320-01) 2. 민간위탁사업비(320-02) 3. 민간자본보조(320-07) 4. 법정민간대행사업비(320-08)	입찰방식 입찰방법 1. 일반입찰 2. 제한입찰 3. 지명입찰 4. 수의계약 5. 법정지정위탁 6. 고시/훈령/지침 지정위탁 7. 기타(내용기재) 8. 해당없음 9. 무응답
1057	해양수산부	어촌발전기반조성지원	840	1	7(사업공고)
1058	해양수산부	어업인교육훈련 및 기술지원	2,619	1	6
1059	해양수산부	어업인교육훈련 및 기술지원	13,935	3	6
1060	해양수산부	귀어귀촌활성화	1,919	1	5
1061	해양수산부	어업인복지지원	1,070	1	6
1062	해양수산부	어업재해보험	32,800	4	5
1063	해양수산부	어선원및어선보험	113,260	4	5
1064	해양수산부	수산금융자금이차보전	2	1	8
1065	해양수산부	수산물해외시장개척	22,317	1	6
1066	해양수산부	수산물해외시장개척	1,584	3	6
1067	해양수산부	원양어업활성화	3,650	1	8
1068	해양수산부	국제수산기구 협상 및 대응	307	1	7(FTA협정에 따른 한-뉴질랜드간 MOU 근거)
1069	해양수산부	연안국과의 협력(ODA)	1,300	1	5
1070	해양수산부	수산업가치및소비촉진제고	2,825	1	1
1071	해양수산부	연근해어선감척(지자체)	200	2	4
1072	해양수산부	어선거래제도 운영	320	2	4
1073	해양수산부	국가어항관리	21,419	2	5
1074	해양수산부	청년어업인영어정착지원	7	1	8
1075	해양수산부	어업인안전보험	1,509	4	5
1076	해양수산부	평택,당진항	3,000	3	8
1077	해양수산부	인천북항	35,900	3	8
1078	해양수산부	목포신항	8,000	3	8
1079	해양수산부	포항영일만신항	5,788	3	8
1080	해양수산부	일반항	10,129	3	8
1081	해양수산부	항만시설유지보수(비총액)	2,619	3	6
1082	해양수산부	항만 민자유치 및 해외개발 협력	700	2	2
1083	해양수산부	물류기업유치지원	3,955	3	8
1084	해양수산부	물류기업유치지원	100	4	1
1085	해양수산부	해운물류기업해외시장개척지원	542	1	8
1086	해양수산부	울산신항	17,000	3	8
1087	해양수산부	표지시설	320	1	5
1088	해양수산부	표지시설	1,825	2	5
1089	해양수산부	표지시설	3,000	4	5
1090	해양수산부	해양폐기물정화사업	8,028	2	5
1091	해양수산부	해양생태계 서식처 기능개선 복원사업	3,314	4	5
1092	해양수산부	수산물자조금지원	4,341	1	6
1093	해양수산부	연안어장 환경개선	7,900	4	5
1094	해양수산부	수산물공매납입금부과징수비용	385	1	6
1095	해양수산부	친환경에너지보급 및 용수관리	1,500	3	1
1096	해양수산부	친환경 고효율 선박 확보 지원	4,257	1	8
1097	해양수산부	연안화물선유류비보조(에특)	25,190	1	8
1098	행정중심복합도시건설청	자족기능유치지원	1,200,000	3	9

계약기간	낙찰자 선정방법	운영 예산 산정		성과평가 실시여부	지출대상 단체 (민간)
		원가산정	정산방법		
1. 1년 2. 2년 3. 3년 4. 4년 5. 5년 6. 기타 ( )년 7. 단기계약 (1년 미만) 8. 해당없음 9. 무응답	1. 적격심사낙찰제 2. 협상에 의한 계약 3. 최저가낙찰제 4. 2단계입찰 5. 규격,가격 분리 동시 입찰 6. (수의계약)법,고시 위탁계약 7. (수의계약)법,고시 대행협약 8. 수의계약 9. 기타(내용기재) 10. 해당없음 11. 무응답	1. 내부산정 2. 외부산정 3. 내·외부 모두산정 4. 규정에 운영예산 명시 5. 산정 無 6. 해당없음 7. 무응답	1. 내부정산 2. 외부정산 3. 내·외부 모두정산 4. 정산 無 5. 해당없음 6. 무응답	1. 실시 2. 미실시 3. 향후추진 4. 해당없음 5. 무응답	업체명
3	9(제안평가)	1	3	3	한국어촌어항협회
1	10	3	3	4	한국해양수산연수원, 농어촌희망재단, 수협중앙회, 한국어촌어항협회, 한수연 등 어업단체
4	10	2	3	4	한국해양수산연수원
1	10	1	1	2	귀어귀촌종합센터
1	10	6	3	1	한국해양수산개발원, 경상대병원, 인제대부산백병원, 조선대병원, 수협중앙회
8	10	6	2	1	수협중앙회
8	10	6	2	1	수협중앙회
8	10	6	1	4	수협은행
1	6	6	3	1	aT한국농수산식품유통공사
1	6	6	3	1	수산무역협회
8	10	1	3	4	한국원양산업협회
1	10	1	3	1	농림수산식품교육문화정보원
1	10	1	1	1	한국원양산업협회
1	1	1	3	1	(사)한국수산회, 수협중앙회
1	6	1	1	2	한국수산자원관리공단
1	6	4	1	4	선박안전기술공단, 한국해양수산연수원
1	6	1	1	1	한국어촌어항협회
8	10	1	1	2	귀어귀촌종합센터
8	10	6	2	1	수협중앙회
8	10	3	3	4	평택동방아이포트㈜
8	10	3	3	4	동부인천항만㈜
8	10	3	3	4	목포신항만주식회사
8	10	3	3	4	포항영일만신항㈜
8	10	3	3	4	마산아이포트㈜
2	9(사업내용, 긴급성에 따라 경쟁입찰, 수의계약 등 추진)	1	1	4	한국철도시설공단
1	2	1	1	2	한국항만협회
8	8	6	6	4	부산항만공사
1	2	1	1	2	한국해양수산개발원
8	10	3	3	4	대한상공회의소
8	10	3	3	4	울산신항컨테이너터미널 주식회사
1	8	1	1	1	항로표지기술협회
1	8	1	1	1	항로표지기술협회
1	8	2	4	4	항로표지기술협회
1	6	1	3	1	해양환경관리공단
1	7	1	1	1	해양환경관리공단
1	6	2	2	1	한국김산업연합회
1	6	1	3	1	(특)한국어촌어항협회
8	10	6	1	1	한국수산무역협회
1	1	3	3	1	한국농어촌공사
8	10	6	5	4	외항화물운송사업체
8	10	6	1	1	
9	11	7	6	5	

저자 소개

배 성기 (裵 成基)

| 약 력 |

現 사회적 가치 연구소 소장, 한국민간위탁경영연구소 소장, 브릿지협동조합 이사장
　　단국대학교 경영학 박사, 가천대학교 회계학 석사
現 단국대학교 경영학과 외래교수
現 국민권익위원회 부패영향평가자문단
現 파주시청 민간위탁 운영심의위원, 은평구청 민간위탁 적정성운영위원
現 중랑구의회 의정자문위원, 한국의정연구회 지방의회연구소 초빙교수
現 송파구 민간위탁 운영평가위원, 사회적기업 육성 위원
現 성북구 사회적경제 육성위원, 성북민관협치 운영위원
前 서울시 민간위탁 원가분석 자문위원, 고용노동부 한국잡월드 경영자문위원
前 단국대학교 경제학과 외래교수

| 주요 교육 실적 |

인천국제공항공사 직원 대상 '사회적가치 Trend 이해와 공사의 대응'
한국원자력안전기술원 직원 대상 '사회적 가치 구현을 위한 공공기관의 실질적 활동방향 및 우수사례'
한국전력공사 직원 대상 '사회적 가치의 이해와 한국전력공사 적용 방안 교육'
한국보건산업진흥원 직원 대상 '공공기관의 사회적 가치 구현 개념 및 전략' 외 다수

| 주요 연구 수행 실적 |

「정부 및 지자체 등으로부터 위탁받은 사업 매뉴얼 구축 용역」
「2017년 재정사업 성과평가 용역(산림자원육성)」
「농림축산식품 정보화사업 성과관리체계 구축 연구」
「자동차전용도로 효율적 관리를 위한 직무분석 용역」
「산림문화휴양촌 관리운영 방안 수립 연구 용역」
「청주국제테니스장 위탁 타당성」
「산업단지 폐수처리시설 민간위탁 타당성 및 운영효율화 방안」
「아동·청소년시설 민간위탁 타당성 및 운영효율화 방안」
「환경기초시설 민간위탁 타당성 및 운영효율화 방안」 외 다수

| 주요 저술 실적 |

저서 : 지방자치단체 민간위탁 운영관리메뉴얼 Ⅰ,Ⅱ,Ⅲ권, 민간위탁 원가산정, 공공관리와 성과, 민간위탁 조례 및 계약 관리 방안, 공공하수도시설 민간위탁 서비스 경영, 생활폐기물 수집·운반 및 처리시설 민간위탁 서비스 경영 등
번역 : OECD 정부기능 및 정부서비스 민간위탁 외 4권
논문 : 민간위탁서비스 핵심운영요인이 운영성과에 미치는 영향에 관한 실증 연구(2014) 등 3개
　발표 : 한국생산관리학회, 한국구매조달학회, 한국관광경영학회 등 다수

큰날개 발간도서 소개

● 민간위탁 통계

KCOMI 통계
2018 전국 지방자치단체 민·관 협업사무 운영 현황 통합본

본 도서는 전국 17개 광역자치단체를 포함한 243개 지방자치단체의 각 분야별 2018년 민관 협업사무 운영 현황으로 하수도시설, 하수슬러지건조화시설, 생활폐기물 수집운반, 생활폐기물 소각시설, 재활용 선별시설, 문화예술, 체육, 관광, 공원, 주차장, 청소년수련시설, 장애인복지시설의 운영 현황을 파악할 수 있는 자료이다.

배성기 지음
한국민간위탁경영구소
2018년 5월 출간

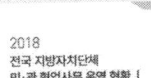

KCOMI 통계
2018 전국 지방자치단체 민·관 협업사무 운영 현황 I

본 도서는 전국 17개 광역자치단체를 포함한 243개 지방자치단체의 2018년 민관 협업사무 운영 현황으로서 국내에서 유일하게 전국 민관 협업사무 운영 현황을 파악할 수 있는 자료이다. 해당 시리즈는 총 3권으로 제작되었다.

배성기 지음
한국민간위탁경영구소
2018년 5월 출간

KCOMI 통계
2018 전국 지방자치단체 민·관 협업사무 운영 현황 II

본 도서는 전국 17개 광역자치단체를 포함한 243개 지방자치단체의 2018년 민관 협업사무 운영 현황으로서 국내에서 유일하게 전국 민관 협업사무 운영 현황을 파악할 수 있는 자료이다. 해당 시리즈는 총 3권으로 제작되었다.

배성기 지음
한국민간위탁경영구소
2018년 5월 출간

KCOMI 통계
2018 전국 지방자치단체 민·관 협업사무 운영 현황 III

본 도서는 전국 17개 광역자치단체를 포함한 243개 지방자치단체의 2018년 민관 협업사무 운영 현황으로서 국내에서 유일하게 전국 민관 협업사무 운영 현황을 파악할 수 있는 자료이다. 해당 시리즈는 총 3권으로 제작되었다.

배성기 지음
한국민간위탁경영구소
2018년 5월 출간

KCOMI 통계
2018 정보화사업 운영 현황

본 도서는 전국 지방자치단체, 중앙행정기관, 공공기관의 2018년 정보화사업을 대상으로 사업 현황을 분석한 운영 현황 자료이다.

배성기 지음
한국민간위탁경영구소
2018년 7월 출간

KCOMI 통계
2018 중앙행정기관 및 그 소속기관 행정사무 민간이전 운영현황

본 도서는 전국 342개 중앙행정기관을 대상으로 2018년 민간이전 사업 현황을 분석한 자료로서 국내에서 유일하게 민간위탁 현황을 분석하여, 전국 민간위탁 사무의 관리 현황을 제시하고 있다.

배성기 지음
한국민간위탁경영구소
2018년 7월 출간

KCOMI 통계
2017 전국 지자체 민관협업사무 운영현황 0. 총괄

전국 지자체 민간위탁 사무의 집대성!
본 도서는 전국 243개 지방자치단체의 2017년 민간위탁 사업 현황을 분석한 통계 자료로서 국내에서 유일하게 민간위탁 현황을 분석하여, 전국 민간위탁 사무의 관리 현황을 제시하고 있다.

배성기 지음
한국민간위탁경영구소 / 16,000원
2017년 출간

KCOMI 통계
2017 중앙행정기관 및 그 소속기관 민간이전 운영현황

본 도서는 전국 342개 중앙행정기관 및 그 소속기관 전부를 대상으로 2017년 민간위탁 사업 현황을 분석한 통계 자료로서 국내에서 유일하게 민간위탁 현황을 분석하여, 전국 민간위탁 사무의 관리 현황을 제시하고 있다.

배성기 지음
한국민간위탁경영구소 / 8,000원
2017년 출간

KCOMI 통계
2017 전국 민간위탁 현황분석
민간경상사업보조사무(307-02)
민간단체법정운영비보조사무(307-03)

전국 지자체 민간위탁 사무의 집대성!
본 도서는 전국 243개 지방자치단체의 2017년 민간위탁 사업 현황을 분석한 통계 자료로서 국내에서 유일하게 민간위탁 현황을 분석하여, 전국 민간위탁 사무의 관리 현황을 제시하고 있다.

배성기 지음
한국민간위탁경영구소 / 28,000원
2017년 4월 출간

KCOMI 통계
2017 전국 민간위탁 현황분석
민간행사사업보조(307-04)
민간위탁금사무(307-05)
사회복지시설법정운영비보조사무(307-10)

전국 지자체 민간위탁 사무의 집대성!
본 도서는 전국 243개 지방자치단체의 2017년 민간위탁 사업 현황을 분석한 통계 자료로서 국내에서 유일하게 민간위탁 현황을 분석하여, 전국 민간위탁 사무의 관리 현황을 제시하고 있다.

배성기 지음
한국민간위탁경영구소 / 28,000원
2017년 4월 출간

KCOMI 통계
2017 전국 민간위탁 현황분석
사회복지사업보조사무(307-11)
공공기관등에대한경상적대행사업비(308-10)
민간자본사업보조사무(402-01)
민간대행사업비사무(402-02)

전국 지자체 민간위탁 사무의 집대성!
본 도서는 전국 243개 지방자치단체의 2017년 민간위탁 사업 현황을 분석한 통계 자료로서 국내에서 유일하게 민간위탁 현황을 분석하여, 전국 민간위탁 사무의 관리 현황을 제시하고 있다.

배성기 지음
한국민간위탁경영구소 / 28,000원
2017년 4월 출간

2016 전국 지방자치단체
민·관 협업사무 운영 현황 분석 I
민간경상사업보조사무(307-02)

전국 지방자치단체 민·관 협업사무의 집대성!
본 도서는 전국 17개 광역자치단체를 포함한 243개 지방자치단체의 2016년 민·관 협업사무 현황을 분석한 자료로서 국내에서 유일하게 민·관 협업사무 현황을 분석하여, 전국 민·관 협업사무의 관리 현황을 제시하고 있다.

배성기 지음
한국민간위탁경영구소 / 564페이지 / 30,000원
2016년 11월 출간

2016 전국 지방자치단체
민·관 협업사무 운영 현황 분석 II
민간단체법정운영비보조사무(307-03)
민간행사사업보조(307-04)

전국 지방자치단체 민·관 협업사무의 집대성!
본 도서는 전국 17개 광역자치단체를 포함한 243개 지방자치단체의 2016년 민·관 협업사무 현황을 분석한 자료로서 국내에서 유일하게 민·관 협업사무 현황을 분석하여, 전국 민·관 협업사무의 관리 현황을 제시하고 있다.

배성기 지음
한국민간위탁경영구소 / 302페이지 / 20,000원
2016년 11월 출간

2016 전국 지방자치단체
민·관 협업사무 운영 현황 분석 III
민간위탁금사무(307-05)
사회복지시설법정운영비보조사무(307-10)

전국 지방자치단체 민·관 협업사무의 집대성!
본 도서는 전국 17개 광역자치단체를 포함한 243개 지방자치단체의 2016년 민·관 협업사무 현황을 분석한 자료로서 국내에서 유일하게 민·관 협업사무 현황을 분석하여, 전국 민·관 협업사무의 관리 현황을 제시하고 있다.

배성기 지음
한국민간위탁경영구소 / 402페이지 / 24,000원
2016년 11월 출간

2016 전국 지방자치단체
민·관 협업사무 운영 현황 분석 IV
사회복지사업보조사무(307-11)
민간자본사업보조사무(402-01)
민간대행사업비사무(402-02)

전국 지방자치단체 민·관 협업사무의 집대성!
본 도서는 전국 17개 광역자치단체를 포함한 243개 지방자치단체의 2016년 민·관 협업사무 현황을 분석한 자료로서 국내에서 유일하게 민·관 협업사무 현황을 분석하여, 전국 민·관 협업사무의 관리 현황을 제시하고 있다.

배성기 지음
한국민간위탁경영구소 / 628페이지 / 33,000원
2016년 11월 출간

KCOMI 통계
2016 전국 민간위탁 현황분석

전국 지자체 민간위탁 사무의 집대성!
본 도서는 전국 17개 광역자치단체를 포함한 243개 지방자치단체의 2016년 민간위탁 사업 현황을 분석한 통계 자료로서 국내에서 유일하게 민간위탁 현황을 분석하여, 전국 민간위탁 사무의 관리 현황을 제시하고 있다.

배성기 지음
한국민간위탁경영구소 / 355페이지 / 15,000원
2016년 10월 출간

KCOMI 통계
2015 전국 민간위탁 현황분석

전국 지자체 민간위탁 사무의 집대성!
본 도서는 전국 17개 광역자치단체를 포함한 245개 지방자치단체의 2015년 민간위탁 사업 현황을 분석한 통계 자료로서 국내에서 유일하게 민간위탁 현황을 분석하여, 전국 민간위탁 사무의 관리 현황을 제시하고 있다.

배성기 지음
한국민간위탁경영구소 / 352페이지 / 15,000원
2015년 8월 출간

KCOMI 통계
2014 민간위탁 현황분석 I
전국지방자치단체

전국 지자체 민간위탁 사무의 집대성!
본 도서는 전국 17개 광역자치단체를 포함한 242개 지방자치단체 민간위탁 현황을 분석한 통계 자료로서 국내에서 유일하게 민간위탁 현황을 분석하여, 전국 민간위탁 사무의 관리 현황을 제시하고 있다.

배성기 지음
한국민간위탁경영구소 / 352페이지 / 15,000원
2014년 9월 출간

KCOMI 통계
2013 전국 민간위탁 운영현황 분석

민간위탁 본연의 목적과 기능을 유지하기 위해 발주처는 선택의 폭을 넓히고, 위탁기업들은 건전한 경쟁관계를 유도하기 위하여 전국 246개 지자체별 민간위탁 사무현황, 위탁예산현황, 위탁기업의 현황, 업체선정방법, 위탁기간, 비용산정, 성과평가 등을 조사·분석하였다

배성기 지음
한국민간위탁경영구소 / 350페이지 / 2,000원
2013년 8월 출간

🔵 민간위탁 운영 관리 매뉴얼

지방자치단체사무의 민간위탁서비스
운영관리매뉴얼 Ⅰ
민간위탁조례 및 계약관리방안

민간위탁 성패의 키는 계약관리이다.
본 도서는 민간위탁 서비스를 공급함에 있어 사회적 문제와 이슈를 관리 할 수 있는 체계적인 조례 제정 및 계약관리방법론을 제시하고 있다.

배성기 지음
한국민간위탁경영구소 / 450페이지 / 40,000원
2012년 8월 출간

지방자치단체사무의 민간위탁서비스
운영관리매뉴얼 Ⅱ
민간위탁 운영관리비용 산정

효율적인 서비스 제공을 위한 원가산정방법론 제시 민간위탁서비스의 대시민 만족도를 높이기 위한 시작은 적정한 비용산정과 지급에서 시작된다. 이를 위해 본 도서에서는 세부적인 원가산정 방법과 산정예시를 들어 설명하고 있다.

배성기 지음
한국민간위탁경영구소 / 409페이지 / 40,000원
2012년 8월 출간

지방자치단체사무의 민간위탁서비스
운영관리매뉴얼 Ⅲ
민간위탁 서비스 평가

평가 없는 성장 없다.
본 도서에서는 민간위탁 서비스의 지속적인 성장 경영을 위한 경영학적 관리지표개발 및 서비스평가방안을 제시하고 있다.

배성기 지음
한국민간위탁경영구소 / 407페이지 / 40,000원
2012년 8월 출간

지방자치단체 민간투자사업 매뉴얼

지방자치단체 공무원들이 민간투자사업 정책 수립을 위한 전반적인 내용을 포괄적으로 다루어, 실무에 직접 적용할 수 있도록 방향을 제시하고 있다.

배성기 지음
한국민간위탁경영구소 / 247페이지 / 25,000원
2015년 9월 출간

🔵 민간위탁 서비스 경영

공공하수도시설 민간위탁 서비스경영

환경부통계를 기준으로 전국 공공하수처리시설 중 민간위탁으로 운영되는 시설은 313개소, 운영비는 5,000억 원, 운영인원은 3,642명이다. 민간위탁서비스의 질을 높이기 위해서는 시설관리만이 아닌 경영학적 기법이 도입된 체계적인 관리가 필요하다. 이를 위해서 본 도서에서는 공공하수도시설 민간위탁 서비스 경영을 위한 다양한 방안을 제시하고 있다.

배성기 · 안영진 · 박철휘 · 박종운 지음
한국민간위탁경영연구소 / 530페이지 / 40,000원
2012년 4월 출간

공공체육시설 민간위탁 서비스경영

전국 공공체육시설수는 15,137개소로 지속적으로 증가하고 있으며, 국민이 영위하고자 하는 공공체육서비스의 수준도 날로 증가 하고 있다. 이에 민간위탁으로 운영중인 공공체육시설의 서비스 수준의 향상을 위하여 본 도서에서는 공공체육시설 민간위탁 서비스 경영을 위한 다양한 방안을 제시하고 있다.

배성기 · 김영철 지음
한국민간위탁경영연구소 / 500페이지 / 40,000원
출간예정

관광시설 민간위탁 서비스경영

관광시설은 관광을 위한 편익을 제공하는 시설로서 숙박, 교통, 휴식시설 등을 통해 지역경제 활성화에 도움을 주고 있다. 이중 민간위탁으로 운영중인 관광시설을 대상으로 본 도서에서는 관광시설 민간위탁 서비스 경영을 위한 다양한 방안을 제시하고 있다.

배성기 · 김상원 · 김혜진 지음
한국민간위탁경영연구소 / 500페이지 / 40,000원
2015년 9월 출간

생활폐기물 수집·민간위탁 서비스경영

우리나라 일일 발생 생활폐기물량은 5만톤 수준으로 지자체에서는 소각, 매립, 재활용 등의 처리를 민간위탁을 통해 수행하고 있다. 본 도서는 민간위탁을 통해 생활폐기물을 처리하고 있는 지자체를 대상으로 효율적효과적 관리기법을 제시하고 있다.

배성기 지음
한국민간위탁경영연구소 / 500페이지 / 40,000원
2012년 4월 출간

● 정부원가계산

공기업·준 정부기관·기타 공공기관
정부원가계산의 이론과 실제

공공감사법 적용대상기관인 중앙 41개 기관, 공공 272개 기관의 정부예산 지출시 합리적인 예산지출 및 효과성을 높이기 위해 본 도서는 정부원가계산의 올바른 방법을 이론과 사례를 기준으로 제시하고자 하였다.

배성기 지음
한국민간위탁경영연구소 / 400페이지 / 35,000원
2012년 8월 출간

● 사회적 기업 및 비영리 법인

사회적기업 및 비영리법인의
공공부문 계약 입찰

국가 공공서비스가 좀 더 선진화 되기 위해서는 많은 사회적기업 및 비영리법인이 공공서비스 분야의 입찰 참가를 해야 한다. 정부와 동격의 파트너십을 통해 국민 모두를 파트너십의 수혜자로 만들기 위해 친절하고 자세하게 계약 참여 안내를 하고 있다.

배성기 옮김
한국민간위탁경영연구소 · scotland.gov.uk
/ 250페이지 / 30,000원
2012년 8월 출간

● 기타 민간위탁 분야 도서

KCOMI통계 2013
전국 민간위탁 운영현황 분석

본 도서는 민간위탁 본연의 목적과 기능을 유지하기 위해 발주처에서는 선택의 폭을 넓히고, 위탁기업들은 건건한 경쟁관계를 유도하기 위하여 전국 246개 지자체별 민간위탁 사무현황, 위탁예산현황, 위탁기업의 현황, 위탁기간 현황, 위탁자 선정방법 등을 조사·분석하였다.

배성기 지음
한국민간위탁경영연구소 / 513페이지 / 20,000원
2013년 8월 출간

민간위탁 절차·평가 개선 교육교재

민간위탁제도가 도입된 지 13년이 지났지만 민간위탁에 대한 제도적 정비 및 운영상의 문제에 대한 지적은 끊이지 않는다. 본 도서는 민간위탁 사무를 추진함에 있어 꼭 필요한 조례, 계약, 비용, 평가 등의 내용을 중심으로 지방자치단체 공무원들의 정책결정을 돕고자 작성되었다.

배성기 지음
한국민간위탁경영연구소
민간위탁교육 참가자 배부용

공공하수처리시설 민간위탁
서비스평가

평가없는 성장 없다.
본 도서는 현행 공공하수처리시설 민간위탁 평가에 대한 법적 근거 및 제도에 대한 고찰을 통하여 보다 합리적인 민간위탁 서비스 평가 방안을 제시하고 있다.

배성기·안영진·박철휘·박종운 지음
한국민간위탁경영연구소 / 316페이지 / 25,000원
2011년 12월 출간

큰 사회(BIG Society)

영국 캐머론 총리의 큰 사회는 공공서비스 향상을 추구하며, 개념적으로는 국가를 반대하지 않으며 다양한 증거를 바탕으로 영국 사회를 지원하고 사회적 욕구를 충족시키는 현재 국가의 능력에 대해 깊이 있게 고민한다. 이는 우리나라에도 시사하는 바가 크므로 소개하고자 하였다.

배성기·이화진·김태현·남효응 옮김
나남출판사 · UBP / 165페이지 / 15,000원
출간 예정

공공관리 번역 도서

분쟁 후 취약한 상황에서의 정부기능 및 정부서비스 민간위탁

본 역서는 원조의 비효율적 비효과적 진행을 방지하고, 수원국의 역량개발에 도움을 줄 수 있는 방안을 도모하여 현장실무자들과 정부의 정책입안자들과 협력하기 위한 안내서의 역할을 해 줄 것이다. 또한 선진국의 민간위탁제도 운영방법론은 국내에서 좋은 시사점을 제공하고 있다.

배성기 옮김
한국민간위탁경영연구소 · OECD / 165페이지 / 25,000원

2011년 11월 출간

지방정부 서비스계약 (Local Government Contract)

공공을 위한 최선의 거래를 추구하는데 있어서 책임성과 유연성, 공익성과 경제성 등을 최적으로 조합하는 것은 현대 서비스 계약업무의 핵심이다. 본 역서는 그 조합방식을 유용하게 제안하고 있다.

배성기 옮김
한국민간위탁경영연구소 · ICMA / 200페이지 / 30,000원

출간 예정

정부계약자들을 위한 가격책정 및 원가계산 (Pricing and Cost Accounting)

정부와 계약자 간 중 요구사항을 준수하고, 이윤을 유지하기 위한 협상방법을 수록하고 있다. 입찰에 대한 변경 요구 사항은 기본적 원가계산 하도급 계약변경을 수반하며 이에 대한 정보를 제공하고 있다.

배성기 옮김
한국민간위탁경영연구소 · MC / 220페이지 / 25,000원

출간예정

서비스 수준관리 (Service Level Management)

서비스 수준관리(SLM)는 서비스 업무범위를 정의하여 서비스제공에 따른 업무목표, 해당부서 및 책임부서를 기술하고 고객과 서비스 공급업체의 업무분담을 명확히 하여 서비스 공급업체와 고객 양측 모두의 기대와 목적을 충족시키기 위한 내용을 기술하고 있다.

배성기 옮김
한국민간위탁경영연구소 · TAS / 240페이지 / 25,000원

출간 예정

공공관리와 성과 (Public Management and Performance)

공공서비스 성과가 뜻하는 바가 무엇이고, 이와 관련한 연구의 주요 성과는 무엇인가? 왜 관리가 중요한가? 연구자, 정책결정자, 실무자들에게 주는 함의는 무엇이며, 향후 과제는 무엇인가? 에 대해 저자들은 이야기 하고 있다.

배성기 · 김윤경 · 김영철 옮김
한국민간위탁경영연구소 · 캠브리지대학출판사 / 200페이지 / 35,000원

2012년 8월 출간

사회기반시설 자산관리 (Infrastructure Asset Management)

자산관리의 목표, 서비스 제공능력과 자산상태의 구체적 목표를 검토하고, 자산관리 활동을 최적화·체계화하기 위해 현재의 서비스 제공능력과 자산상태(condition)를 비교한다. 또 최적의 의사결정을 위해 필요한 재정적 고려사항에 대해서도 요약하고 있다.

유인균 · 박미연 · 배성기 옮김
한국민간위탁경영연구소 · CIRIA / 200페이지 / 35,000원

2012년 8월 출간

지방지치단체 사회적가치구현을 위한 공공조달프레임워크

영국의 중앙 및 지방정부기관들은 최저가 대신 사회적 가치를 고려해 최고가치(Best Value)를 지닌 쪽을 선택하도록 규정과 지침을 만들어 공공조달에 적용하고 있다.
이에, 영국의 사회적 가치 구현을 위한 조달규정 및 지침관련 사례를 발굴하여 국내에 홍보·전파하고자 출간하게 되었다.
배성기

브릿지협동조합 / 170페이지 / 25,000원

2016년 4월 출간

지방자치단체 공공서비스 혁신
협동조합도시 런던시 램버스구

영국 런던시 램버스구, 협동조합방식의 지방자치단체 경영과 공공서비스 혁신을 가능하게 하는 영국의 법제도적 환경, 지자체조례, 지자체 경영원칙, 사회적·경제적·환경적 가치구현을 위한 목표달성전략 및 프로세스등을 자세히 소개하고 있다.

배성기 지음
브릿지협동조합 / 184페이지 / 25,000원

2016년 5월 출간

영국 중앙정부 및 지방정부 사회적 가치 구현 사례집

본 자료은 Highways England와 하도급업체가 2012년 공공서비스(사회적가치)법에 의한 서비스 공급과 관련된 사회적가치를 확인하고 구현하기 위한 접근방법을 설명한다.

배성기 옮김
사회적 가치 연구소 / 290페이지 / 21,000원
2018년 6월 출간

사회적기업 및 비영리법인의 공공부문 계약 입찰

지방계약분야는 사회·경제적 상황에 따라 빠르게 변화하는 분야이며, 많은 관련 법령과 하위 규정들이 있어 실무자들이 업무를 숙지하는 데 상대적으로 어려움을 겪는 분야이기도 합니다. 2018년도 매뉴얼은 계약시 고려해야 할 사회적 가치와 더불어 실무에서 주로 활용되는 유권해석, 판례 등을 중점적으로 수록하였습니다.

서울특별시 엮음
브릿지협동조합 / 350페이지 / 24,000원
2018년 6월 출간

🌐 출간 예정 도서

공공서비스 기획 l모범 기획 원칙

Commissioning Public Services는 공공조달 기획담당 자들을 위한 영국의 공공서비스 조달기획 안내서로 지역고용 양질의 일자리, 사회권·노동권 준수, 사회통합, 차별해소, 재분배 효과, 기업의 사회적 책임 이행도 등이 조달원칙의 핵심 고려사항으로 설계되고 입찰, 낙찰, 계약 이행 등 각 단계에서 사회적 가치를 가진 재화 및 서비스가 자연스럽게 경쟁력을 가질 수 있도록 체계가 구축되어 공공구매를 통한 사회적가치가 최대화될 수 있기를 바랍니다.

배성기 옮김
한국민간위탁경영연구소
2018년 출간예정

공동체 편익 증대를 위한 안내서

장기간 경기침체와 부의 불평등 심화 그리고 인구의 수도권 집중은 취약계층에 여러 가지 부담을 안겨줬고, 그 중 인간으로서 가장 기본적인 살 공간과 관련된 주거문제에 직면하게 했습니다. Community Benefit Clause Guidance Manual 은 영국의 사회임대주택사업자가 주택의 운영 및 관리 서비스 조달 시 서비스 공급자로 하여금 지역공동체 편익을 구현하도록 계약조항으로 수립하는 방법을 설명한 안내서입니다.

배성기 옮김
한국민간위탁경영연구소
2018년 출간예정

민·관 파트너십 구성 및 운영을 위한 안내서

공공사회파트너십은 공공기관이 사회적경제조직들로부터 재화 및 서비스를 단순히 구매한다는 차원을 넘어 공공기관이 주도하는 공공부문과 사회적경제조직들로 구성된 사회적경제부문이 함께 공공서비스를 설계하고 생산하는 것을 핵심으로 하는 개념입니다. Public Social Partnerships 은 공공부문과 사회적경제조직이 공동으로 참여하는 공공서비스에 대한 새로운 접근방법을 묘사하고 있습니다.

배성기 옮김
한국민간위탁경영연구소
2018년 출간예정

사회적 가치 구현을 위한 안내서

사회적기업 육성예산은 일자리창출 예산의 의미를 부여받고 있으며, 일자리 창출 엔진이라는 프레임이 사회적기업의 지원예산을 확보하는데는 유용했으나 사회적기업의 정상적인 발전을 가로막는 부작용을 낳고 있는 것 또한 사실입니다. 따라서 사회적기업 육성예산은 이 사회적 부가가치(social added value) 창출의 엔진을 육성한다는 본래의 의미를 부여 받아야 할 필요성이 있습니다.

배성기 옮김
한국민간위탁경영연구소
2018년 출간예정

사회적기업을 위한 사업기획 안내서

이 안내서는 영국의 사회적경제 전문기관인 FSD(Fourth Sector Development)가 사회적기업 창업을 고려하거나 성장을 도모하는 이들을 위해 개발한 7단계 전략에 기초하여 급변하는 사회경제적 환경에서 사회적경제 활동가들에게 사회적기업을 위한 사업계획을 시의와 함께 단계별로 설명하여 시간과 비용을 절감하고, 합리적 투자를 유도하여 사회적경제부문의 경쟁력 강화를 지원하고자 합니다.

배성기 옮김
한국민간위탁경영연구소
2018년 출간예정

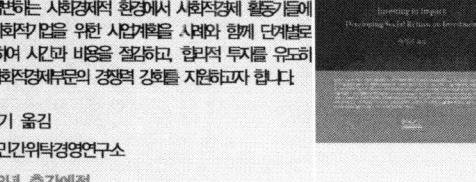

사회투자성과 개발 안내서

SROI는 2000년대 들어 미국의 비영리재단 REDF가 제시한 개념으로, 사회적기업이나 비영리 조직이 생산한 사회적 가치와 경제적 가치를 통합해 정량적으로 측정하는 방법론이며 주관적인 판단이 개입하기 쉬운 사회적 가치를 화폐가치로 객관화했습니다. 한편 사회적기업에 관해 오랜 전통을 갖고 있는 영국에서는 SROI가 제시되기 이전부터 다양한 방식으로 사회적기업의 비재무적 성과를 측정하기 위한 방법론이 모색되었습니다.

배성기 옮김
한국민간위탁경영연구소
2018년 출간예정

협업기획 - 공공서비스 기획에 대한 새로운 사고

Collaborative Commissioning은 협업을 통한 공공서비스 기획과 관련된 영국사례로, 사회적 가치 창출을 주된 목적으로 하는 사회적경제조직과 사회책임경영(CSR)기업 등이 공공시장에서 영리지향적 기업보다 경쟁 우위에 설 수 있도록 유도하고, 약 100조원이 넘는 공공조달시장의 상당 비율을 사회적경제에 친화적인 공공시장으로 전환될 수 있는 토대가 마련되는 계기가 되길 바랍니다.

배성기 옮김
한국민간위탁경영연구소
2018년 출간예정

중앙행정기관 행정사무 민간이전 운영현황

초판인쇄 | 2018년 8월 3일
초판발행 | 2018년 8월 3일

발 행 처 | 한국민간위탁경영연구소
발 행 인 | 한국민간위탁경영연구소 소장 배성기
편 집 인 | 큰날개 편집부
편 낸 곳 | 출판사업부 「큰날개」
　　　　　 서울시 성북구 종암로 167, 101-2001
　　　　　 전화 02) 943-1947 팩스 02) 943-1948
　　　　　 홈페이지 : www.bigwing.modoo.at
출판등록 | 제 307-2012-46 호
가　　격 | 8,000원

본서의 무단 복제를 금합니다.
출판물의 판권은 큰날개에 속합니다.
잘못된 책은 바꾸어 드립니다.

큰날개

큰날개는 급변하는 국내의 사회 환경 가운데에서 다양한 의견을 수렴하여 인간이 추구하는
더 높은 이상향을 향해 나아가고자 하는 바람을 추구하는 출판전문기업입니다.
특히 사회적으로 가치 있는 콘텐츠를 가진 사람이라면 누구나 책을 출간 할 수 있고,
원하는 독자층에 도달 할 수 있도록 도와주는 퍼블리싱 파트너(Publishing Partner)가 되고자 합니다.

T. 02-943-1947　F. 02-943-1948　H. bigwing.modoo.at